二战经典战役系列丛书

偷袭珍珠港

白隼 编著

北方联合出版传媒(集团)股份有限公司
万卷出版公司

ⓒ 白隼 2018

图书在版编目（CIP）数据

偷袭珍珠港 / 白隼编著. — 沈阳：万卷出版公司，2018.8

（二战经典战役系列丛书）

ISBN 978-7-5470-4952-5

Ⅰ. ①偷… Ⅱ. ①白… Ⅲ. ①日军偷袭珍珠港（1941）-史料 Ⅳ. ①E195.2

中国版本图书馆CIP数据核字（2018）第118806号

出 品 人：	刘一秀
出版发行：	北方联合出版传媒（集团）股份有限公司
	万卷出版公司
	（地址：沈阳市和平区十一纬路25号 邮编：110003）
印 刷 者：	辽宁新华印务有限公司
经 销 者：	全国新华书店
幅面尺寸：	170mm×240mm
字　　数：	200千字
印　　张：	14
出版时间：	2018年8月第1版
印刷时间：	2018年8月第1次印刷
丛书策划：	陈亚明　李文天
责任编辑：	赵新楠
特约编辑：	吴海兵
责任校对：	张希茹
装帧设计：	亓子奇
ISBN 978-7-5470-4952-5	
定　　价：	49.80元
联系电话：	024-23284090
传　　真：	024-23284448

常年法律顾问：李　福　版权所有　侵权必究　举报电话：024-23284090
如有印装质量问题，请与印刷厂联系。联系电话：024-31255233

前　言

1931年9月18日，日本关东军在沈阳制造了九一八事变，日本帝国主义的魔爪开始伸向有着五千年文明的中华大地，中国最屈辱的历史从此开始。1939年9月1日，希特勒独裁下的德国军队闪击波兰，欧洲大地不再太平，欧洲人的血泪史从此开始书写。一年后，德国、意大利、日本三个武装到牙齿的独裁国家结盟，"轴心国"三个字由此成为恐怖、邪恶、嗜血的代名词。

德、意、日三国结盟将侵略战争推向极致。这场战争不仅旷日持久，而且影响深远。人类自有战争以来从未有过如此大规模、大杀伤力、大破坏力的合伙野蛮入侵。"轴心国"的疯狂侵略令全世界震惊。

面对强悍到无以复加的德国战车，面对日本军队疯狂的武士道自杀式攻击，被侵略民族不但没有胆怯，反而挺身而出，为了民族独立，为了世界和平，他们用一腔热血抒写不屈的抵抗，用超人的智慧和钢铁意志毫不犹豫地击碎法西斯野兽的头颅。

战役是孕育名将的土壤，而名将则让这块土壤更加肥沃。这场规模空前的世界大战，在给全世界人民带来无尽灾难的同时，也造就了军事史上几十个伟大的经典战役，而这些经典战役又孕育出永载史册的伟大军事家。如果把战役比作耀眼华贵的桂冠，那么战役中涌现出的名将则是桂冠上夺目的明珠。桂冠因明珠而生辉，明珠因桂冠而增色。

鉴于此，我们编辑出版了这套《二战经典战役系列丛书》。其实，编辑出版这套丛书是我们早已有之的宏愿，从选题论证、搜集资料、确定方向到编撰成稿，历经六个春秋。最终确定下来的这20个战役可谓经典中的经典，如历史上规模最大的海战莱特湾大战，历史上规模最大的航母绝杀，历史上规模最大、最惨烈的库尔斯克坦克绞杀战……我们经过精心比对遴选出的这些战役，个个都特色鲜明，要么让人热血沸腾，要么让人拍案叫绝，要么让人扼腕叹息，抑或兼而有之。这些战役资料的整理花费了我们相当多的时间和精力，兴奋、激动、彷徨、纠结，一言难尽。个中滋味，唯有当事人晓得。

20个战役确定下来后就是内容结构的搭建问题。我们反复比对已出版的类似书籍，经过研究论证，最终形成了自己的特色。历史拐点（时间点）往往是爆发点，决定历史的走向，而在这个历史拐点上，世界上其他地方正在发生什么？相信很多人对此都会比较感兴趣。因此，我们摈弃了传统的单纯纪事本末叙述方式，采用以时间轴为主兼顾纪事本末的新颖体例。具体来说，就是在按时间叙事的同时，穿插同一时间点上其他战场在发生什么，尤其是适当地插入中国战场的情况，扩大了读者的视野。

本套丛书共20册，每册一个战役，图文并茂，具有叙事的准确性与故事的可读性，并以对话凸显人物性格和战争的激烈与残酷。每册包含几十幅精美图片，并配有极具个性的图说，以图点文，以文释图，图文相得益彰。另外，本套丛书还加入了大量的原始资料（文件、命令、讲话），并使其自然融入相关内容。这样，在可读性的基础上，这套丛书又具备了一定的史料价值，历史真实感呼之欲出，让读者朋友不由自主地产生一种穿越的幻觉。

  本套丛书的宗旨是让读者朋友在轻松阅读的同时，对第二次世界大战有一个整体的认知，力求用相关人物的命令、信件、讲话帮助读者触摸真实的历史、真实的战场，真切感受浓浓的硝烟、扑鼻的血腥和二战灵魂人物举手投足间摄人心魄的魅力。

  品读战役，也是在品读英雄、品读人生，更是在品读历史。战役有血雨腥风，但也呼唤人道。真正的名将是为阻止战争而战的，他们虽手持利剑，心中呼唤的却是和平。相信读者朋友在读过本套丛书后，能够对战争和名将有一个不一样的认识。

  最后，谨以此书献给那些为和平、为幸福奋斗不息的人们！

目　录

第一章　山本五十六的惊天计划 / 001

日本释放信号，英美如何看 / 002

日本战车无人能挡 / 006

如此战略，唯山本有之 / 011

珍珠港迎来新主人 / 019

珍珠港求不来援兵 / 024

如此策略，正中山本下怀 / 029

第二章　明修栈道，暗度陈仓 / 033

偷袭成功，他功不可没 / 034

这一仗非打不可 / 038

野心，外交上暴露无遗 / 044

金梅尔的备忘录 / 048

直言罗斯福 / 052

盯上法属印度支那 / 056

外交为幌子，实则加紧备战 / 060

第三章　战争绑架了一切 / 065

不惜一切手段 / 066

辞职，近卫玩阴的 / 070

战争贩子鼓吹和平 / 075

惹恼了美国 / 079

为偷袭，山本大练兵 / 084

将阴谋玩到极致 / 088

第四章　难产的"X"日 / 093

高度保密会议 / 094

第一航空舰队 / 099

激怒山本五十六 / 103

战争魔鬼上台 / 108

日本特工在行动 / 112

山本的密令 / 117

第五章　向偷袭目标集结 / 123

集结，战死美国人 / 124

第一次说出珍珠港 / 128

战争袭来，美国人仍无头绪 / 133

起航，隐秘的利剑行动 / 139

造假象，三千水兵游东京 / 145

第六章　慵懒的巨人，哀号的珍珠港 / 151

电报被人为耽误 / 152

起飞，目标珍珠港 / 157

突袭，祥和港湾成地狱 / 162

珍珠港没有还手之力 / 167

终于撕下伪装 / 171

珍珠港被炸，丘吉尔安心 / 176

第七章　巨人开始怒吼 / 181

偷袭，激怒了美国人民 / 182

希望结束，失望开始 / 188

坐在一条船上 / 194

白宫最严肃的会议 / 198

对日宣战，以雪珍珠港之耻 / 203

空袭东京，巨人小试牛刀 / 208

第一章
山本五十六的惊天计划

　　日本海军高层一直把航空母舰视作战斗中的前锋和支援舰只。如今，山本五十六要把航空母舰集中使用，以海军航空兵这一新兵种作为主力使用。一战以来，各国海军都把战列舰作为海军作战的核心，甚至把战列舰作为衡量一个国家海军力量的主要标志。而此时山本提出将航空母舰作为主力使用无疑是对日本传统海战理论的极大挑战。

◎ 日本释放信号，英美如何看

1940年春夏之交，希特勒的钢铁战车横扫欧洲大陆，将法国、英国、荷兰、比利时四国联军打得一败涂地，不到两个月便占领了当时号称"欧洲第一军事强国"的法国。德国装甲部队闪电般地将英国军队赶回英伦三岛，战机则紧随其后，铺天盖地地直扑伦敦，并将这座古老的名城几乎夷为平地。

与此同时，已经占领了大半个中国的日本在入侵蒙古被苏联红军击败后，开始向南谋求发展，在进一步控制中国的同时开始将魔爪伸向东南亚各国。第二次世界大战的规模继续扩大，但此时的美国仍然坚持中立，在大洋彼岸隔岸观火。

其实，日本在1939年就拟订了两个作战方向，即"南下"和"北上"两个计划。起初，日本看上了苏联丰富的战争资源，拟订了占领苏联西伯利亚的战争策略。这年夏天，日本按计划，向位于中蒙边境海拉尔以南200公里的诺门罕地区的苏蒙联军发动了大规模战略进攻。双方动用了数十万精锐部队和先进的军事装备,在杂草丛生、沙丘连绵的荒原上进行了一场持续了4个多月的激烈交锋。日本由于军事思想和武器装备落后,遭到了自"日俄战争"以来最惨重的失败。

日本"北上"策略失败,占领西伯利亚的梦想化为泡影,于是开始策划"南下",准备南下太平洋抢夺更大的战争资源(石油等),以便为日后吞并世界储备后继资源。南洋,当时有英国、荷兰、美国的殖民地,这就给日本的南下计划增添了困难。荷兰已被德国占领,英国自顾不暇,强大的美国自然就成了日本实现"大东亚共荣圈"最大的绊脚石。再加上,由于日美两国奉行完全对立的东亚政策,因此这两个国家在东亚和南洋地区势必发生剧烈的碰撞。

1940年4月15日,日本外交大臣有田在记者招待会上公开叫嚣:"日本政府不能不深切关心随着欧战局势恶化而来的任何可能对荷属东印度群岛现状产生的影响。"英国政府自然对有田的讲话反应强烈。荷属东印度群岛主要是英国的势力范围,新加坡、缅甸、印度、中国香港与此息息相关。日本政府的态度,让英国政府深为忧虑。英国首相丘吉尔立即指示英国驻美国大使克莱齐:"当前联合王国的主要精力是对付纳粹德国可能的进攻,日本宣称南进,这不仅将损害我们的利益,也将破坏美国的门户开放政策,你速与美国政府联系,阻止日本南进。"

同一天,美国驻日大使格鲁把有田的声明和他收集的日本试图"南进"的消息向总统罗斯福作了汇报。美国政府对日本在整个亚洲的扩张一直很恼火。日本在1931年开始全面侵略中国,损害了美国在华的利益,破坏了美国的亚洲门户开放政策。为此,美国宣布对日本实行部分禁运,对日本进行一定程度的制裁。这次，日本试图南进太平洋，必将危及美国在菲律宾群岛的利益，并进一步损害其在亚洲的利益。

4月17日，英国驻美大使克莱齐拜访了罗斯福。克莱齐问罗斯福："总统阁下，日本南进的意图越来越明显，这不仅将损害我们大英帝国的利益，也将危及贵国在亚洲的利益。丘吉尔首相希望我们携手阻止日本，不知总统意下如何？"

罗斯福说："大使先生，贵国和纳粹德国的斗争正在进行，贵国本土的利益受到纳粹的威胁。我相信在丘吉尔首相的领导下，贵国一定能战胜纳粹德国。然而，在贵国全力以赴应对纳粹德国之际，贵国在亚洲对日本则将显得力不从心。因此，对于日本侵犯太平洋，我们不可能坐视不管，我们一定会阻止日本。"

陪同罗斯福接见的国务卿赫尔说："遗憾的是，现在我们的军事力量不够强大，还不能以军事力量来阻止日本。"

罗斯福接着说："是的，我们的军事力量还不够强大，我国人民对战争和军备不感兴趣，我们的武装力量一时还不足以完全阻止日本的南进企图。既然军事上不行，那我们可以利用谈判来达到目的，在谈判中拖住他们，为我们做好战争准备赢得时间。如果谈判能解决问题最好，如果解决不了，我们将防备万一。"

克莱齐说："正如总统先生所言，最好是通过谈判解决，我们不希望打两个战争。在谈判中可以满足日本人一定的条件，使其取消南进计划。"

"贵国的建议我们会认真考虑的，"罗斯福最后说，"在谈判中我们可以做出一定的让步，但这必须要建立在日本政府有谈判诚意的基础上。"

根据罗斯福的指示,赫尔电令驻日大使格鲁找机会向日本政府表达和谈的愿望。对于美国发出的谈判信息,日本政府内部发生了严重的分歧。首相近卫文麿向来对军部叫嚣南进很不满,他不希望日本在战争的泥潭中越陷越深。近卫文麿认为侵华战争使日本在中国投入了一百多万人的军队,大大增加了国内负担。日本要是再向英国、美国宣战,树敌太多,将难以自拔,所以他主张和谈。然而,外交大臣有田和陆军大臣东条英机,还有军事参议官杉山元大将等军部高级将领坚决反对谈判,他们狂妄地叫嚣只有战争才能解决一切。

松冈洋右接替有田出任外交大臣后,开始实施缓和政策。他既同纳粹德国签订同盟条约,又与苏联订立友好条约,还对美国放出的和谈信号做出友好的回应。

◎ 日本战车无人能挡

1940年夏天，希特勒策划了入侵英国的"海狮行动"，要求日本和德国同时对英作战。日军驱逐了所有在华的英国侨民，夺取了英国在华利益。如此一来，日本的做法就直接影响了英美两国的利益。

希特勒着手制订对英作战方案——海狮行动

8月1日,美国宣布对日禁运,并冻结日本在美国的银行存款。当时日本外务省正紧锣密鼓地给西南太平洋各地包括菲律宾、安南、暹罗(泰国)、缅甸、马来西亚、印度尼西亚、新加坡及其他群岛上所有的使领馆发出密电,命令除留下LA密电码之外,其余各级密码本全部予以销毁;同时还颁布了许多密语,如"西风紧"表示与美国关系紧张,"北方晴"表示与苏联关系缓和,"东南有雨"表示中国战场吃紧,"女儿回娘家"表示撤回侨民,"东风,雨"表示已与美国开战,共十几条密语,明确规定这些密语在必要的时候会在无线电广播中播出,要求各使领馆注意随时收听。

1940年8月,美国陆军和海军联手研制出一台自动破译密码机。在这种破译机器的攻击下,日本2597式密码终于被打破,这样所有日本外交电报开始源源不断地送到美国决策者手中。突破这一壁垒的,是来自康奈尔大学的一名高才生,他是一名毕业后就在美国陆军的河岸研究所钻研密码术的陆军中校,名叫威廉·弗雷德曼。日本于1937年开始启用2597式密码打字机,这种打字机的保密性能很好,导致美国在很长一段时间都无法破译这种密码。

当时日本人同时使用着集中外交密电码,其中最机密的密码系统称为紫码,用于东京与驻外使馆的电报联系;密级较低的被称为J码,用于外务省与许多驻外领事馆的电讯联络。美国在短短一年内,就联合拟制出了日本密码机,名为"紫色密码机",这套破译技术被称为"魔术行动"。通过这些破译的电报,美国将日本的一切真实活动和实际动向了解得清清楚楚。这自然让美国在外交上占据了绝对的主动。遗憾的是,美国人并没有充分利用"魔术行动"。由于缺乏制造紫码破译机的元件,所以夏威夷地区没有紫码破译机。到1941年,美国总共仅有8台紫码破译机。华盛顿有4台,分给陆、海军各2台；菲律宾麦克阿瑟处有1台，因为那里是截收日本电讯效果最好的地方；另外3台则送给了英国。这样一来，再加上没有足够的无线电设备，各个监听站截收到的电讯只得使用普通航空邮路寄送，华盛顿方面无法在第一时间知晓。如果天气不好，只能改用火车或是轮船传递信息，而当时夏威夷和美国本土之间每周只有一次空中航班。

紫色密码机

8月10日，美国驻日大使格鲁和参赞杜曼受日本首相近卫文麿邀请，出席由他的情妇竹美子主办的晚宴。在这种非正式的轻松晚宴上，近卫和格鲁"极其坦率地"交谈了3个小时。近卫暗示了他被动的处境，希望会谈在秘密条件下进行，并希望美国能在会谈中给予一定的理解，这样他才能保证会谈的顺利进行。

对于近卫与格鲁的这次会晤，日本军部表示强烈不满。在天皇举行的御前会议上，东条英机和杉山元等军部要员强烈反对与美国进行和谈。

东条英机质问近卫文麿："和谈能给我们带来土地、资源和阳光吗？"

杉山元接着说："和谈是政治家的把戏，军人只能用特有的方式（战争）解决一切问题。"

外交大臣松冈洋右代表首相发言："和谈是解决国与国之间争端的一种方式。既然美国愿意与我们和谈，我们就利用和谈来达到战争希望达到的目的。"

联合舰队司令山本五十六说："和谈不是坏事，但要想通过和谈取得什么利益，只能说是痴心妄想。既然美国提出和谈，那我们可以利用这个机会争取一些时间，为我们进行伟大的南进争取更多的时间。同时，在谈判中也可以进行些欺骗，给美国人以更多的假想，为实行我们的计划提供更多的便利。"

杉山元提醒道："既然要进行欺骗谈判，那我们就应当控制谈判，不然内阁一旦同美国达成协议，我们的计划极有可能落空。"

"我们当然要掌控谈判，在谈判代表中一定要有我们军部的人。"山本坚定地说。

"那就让陆军省的岩畔大佐和井川大佐作为谈判的副手，"东条说，"这两个人可是我们的谍报专家，他们参加谈判既能表明军部赞同和谈，又能在获取美军情报方面提供方便。"

御前会议结束后，山本对军部的几个将领说："和谈既是政治家的欺骗，也是军事家的欺骗。我们的南进计划已经制订，但是我们对美国海军太平洋舰队的实力还不清楚。在南进前，我们迫切的工作是侦察敌情，给敌以更多的欺骗，以便在敌不知不觉中将其太平洋舰队一举消灭。"

山本话音刚落，东条顿时醒悟过来："山本君提出的和谈欺骗是一个不错的计策。进行和谈，我们不仅可以欺骗美国为皇军实行南进计划准备条件，也可以利用和谈中的一切机会攻击近卫，逼其下台，建立我们自己的内阁。"

素有"剃刀"之称的东条对首相职位垂涎已久，他渴望有朝一日由他来主持日本大政，那样就可以进一步强化日本的战争机器。

次日，日本首相近卫文麿召开内阁会议。陆军大臣东条英机一改反对态度，对和谈表示支持，并说参加和谈的人员应有军部的人。近卫征得军部同意后，组成了以日本驻美大使野村吉三郎为代表，以岩畔、井川为副代表的赴美谈判代表团。

野村是一位退役海军大将，只有一只眼睛，被称为"独眼外交官"。他胖胖的脸上时常流露着温和、慈祥的笑容，以他为代表，可表明日本和谈的诚意，也能消除美国人的戒备心理。

岩畔大佐是日本出色的谍报专家，他培养了日本许多高级间谍，知名间谍川岛芳子就是他培养起来的。他专门创办了中野间谍学校，为日本培养了数以万计的间谍人员。其中，井川、吉川猛夫就是该校毕业生中的两名佼佼者。井川毕业后一直跟随岩畔在陆军省工作，吉川猛夫则是中野学校刚毕业不久的优等生。他年仅28岁，以机敏、勇敢、善良深得岩畔的赏识。吉川猛夫公开的身份是日本驻夏威夷火鲁奴奴领事馆随员。到美国后，吉川猛夫便转乘飞机前往夏威夷执行特殊使命。

◎ 如此战略，唯山本有之

9月27日，德国、意大利和日本三国外交代表在柏林签署《德意日三国同盟条约》，通称《三国轴心协定》，又称《柏林公约》或《三国公约》。三国决定成立以柏林—罗马—东京轴心为核心的军事集团，这即是日后臭名昭著的"轴心国"。《德意日三国同盟条约》全文如下：

德意志第三帝国、意大利王国和大日本帝国三国政府认为世界所有国家据有应有的空间是恒久和平的先决条件，决定在致力于大东亚及欧洲各区域间互相援助与协作，其首要目的是在各自的区域建立并维持新秩序，旨在促进有关人民的共同繁荣与福祉。

三国政府愿意对其他区域内有意与三国朝着相同方向共同努力的国家大力合作，这么做的目的是实现三国对世界和平的最终愿望。

鉴于此，德意志第三帝国、意大利王国和大日本帝国政府达成如下协议：

第1条 大日本帝国承认并尊重德意志第三帝国和意大利王国在欧洲建立新秩序的领导权。

第2条 德意志第三帝国和意大利王国承认并尊重大日本帝国在大东亚建立新秩序的领导权。

第3条 德意志第三帝国、意大利王国和大日本帝国政府同意遵循上述路线协力合作。三国一致同意如果三个缔约国中之一国受到目前不在欧洲战争或中日冲突中的一国攻击时，应以一切政治、经济和军事手段给予援助。

第4条 为了本协定的尽快顺利实施，由德意志第三帝国、意大利王国和大日本帝国政府指派各自的委员组成联合技术委员会，并迅速召开会议。

第5条 德意志第三帝国、意大利王国和大日本帝国政府声明上述各条款毫不影响三缔约国各自与苏联现存的政治地位。

第6条 本协定签字后立即生效，有效期为10年。在有效期满前的适当时间，三缔约国中任何一国请求，应为本协定的延期举行谈判。

以下签署人经各国政府正式授权，在本条约上签名盖章，以兹证明。

德国第三帝国代表 里宾特洛甫

意大利王国代表 齐亚诺

大日本帝国代表 来栖三郎

1940年9月27日订于柏林

轴心国签订同盟条约

从此,德意日三国法西斯正式结成同盟,三国中任何一国向其他国家宣战,另外两个国家也同时向其宣战,三个法西斯国家幻想通过结成联盟瓜分世界。该条约将德意日法西斯的疯狂本性暴露无疑,也将这些"战争疯子"的野心昭告天下,至少在程序上加速了苏德战争和太平洋战争的爆发。

同月,日本出兵占领法属印度支那北部,并强迫荷属东印度在今后5年里每年向日本提供300万吨石油。英美两国对日本的态度开始趋于强硬,美国限制对日出口,并开始大力援助中国战场。

1940年冬,日本舰队开进东南亚的金兰湾海面,英国立即宣布马来西亚、新加坡进入紧急状态,美国匆忙发出远东撤侨劝告。

1941年1月7日,日本联合舰队司令山本五十六向海军大臣吉川古志郎递交了经过深思熟虑后提笔疾书的《战备意见书》,第一次正式表明了他对夏威夷作战的设想。他特别强调:要有胜败决于第一日的思想准备。他的作战方略是:"初战,就要猛攻猛打,以迅雷不及掩耳之势一举摧毁敌之主力舰队,彻底击垮美国海军和美国人民的斗志;如敌主力舰队之大部停泊在珍珠港内,则用飞机编队将其彻底击破并封闭该港口(停泊在珍珠港以外港口亦然);如敌之主力舰队先我从夏威夷主动出击,则以我决战部队予以迎击,并一举将其歼灭。"另外,他对此次作战的兵力使用及其各自任务做了详细的论述。

山本五十六提出的作战思想一改日本海军过去对美军的"诱击作战"传统方略。传统的"诱击作战"思想主张诱敌舰队至西太平洋水域或日本近海,然后以战列舰为核心进行决战。山本认为,这种对美作战方略是被动的,不仅难以取胜,还有可能陷入持久战或越来越困难的境地,以失败告终。他主张,今日航空技术迅速发展的情况下,以战列舰为主的舰队决战决定不了战争的结局;日本无论国力还是军力都不能与美国相比,除了开战之初积极作战、先发制人,迫使美军始终处于守势外,再也找不到其他战胜美国的办法了,所以要"在敌主力舰艇,特别是航空母舰停泊于珍珠港内时,乘其不备,发动猛烈空袭;集中空中力量摧毁敌巢,在物质和精神方面给敌以沉重打击,使其在一个时期内无法恢复元气"。

山本五十六的这一海战思想包括了"制海先制空"的策略,是海战理论的重大突破,是当时海战的发展趋势。然而,在日本海军传统作战思想中,海战的主力仍是装有重装甲和大口径火炮的战列舰。为此,日本不惜财力,建造了当时世界上最大的排水量超过6万吨的超级战列舰"大和号"和"武藏号"。

日本海军高层一直把航空母舰视作战斗中的前锋和支援舰只。如今,山本五十六要把航空母舰集中使用，以海军航空兵这一新兵种作为主力使用。第一次世界大战以来，各国海军都把战列舰作为海军作战的核心，甚至把战列舰作为衡量一个国家海军力量的主要标志。山本提出将航空母舰作为主力使用，这无疑是对传统海战理论的极大挑战。

战争理论发展的历史表明，挑战传统的新理论必然会受到强大的传统势力的极力反对。果不其然，山本五十六的海战理论遭到日本海军高层大多数将领的反对，甚至他的下级将领、偷袭珍珠港时担任中心任务的第一航空舰队司令官南云忠一都反对他。

山本五十六

山本五十六，1884年4月4日生于日本新潟县长冈市，是父亲高野贞吉的第6个儿子。这一年高野贞吉56岁，所以给儿子取名"高野五十六"。1901年，17岁的高野五十六以第二名的成绩考入江田岛海军学校第32期。1904年以第七名毕业后在"日进号"装甲巡洋舰上任少尉见习枪炮官，并参加了1904—1905年的日俄战争。在日俄对马海战中，他负了重伤，左手的食指、中指被炸飞，留下终身残疾。1908年，进入海军炮术学校学习，1914年，以上尉军衔进入海军大学深造，1915年晋升为少佐。

1916年，高野五十六经牧野忠笃子爵介绍，过继到旧长冈藩家老山本家，成为山本带刀的义子，从此"高野五十六"改名为"山本五十六"。同年，山本五十六毕业于日本海军大学第14期。1919年，山本五十六奉命到美国哈佛大学学习，同年12月在美国波士顿被晋升为海军中佐。1923年12月晋升大佐。1925年，山本五十六出任日本驻美国大使馆海军武官。

1928年，山本五十六从美国归国，先后在"五十铃号"巡洋舰、"赤城号"航空母舰上担任舰长。1929年晋升为少将，并出任海军航空部技术处长、第一航空队司令官、海军航空本部长、海军次官等职。山本在权力范围内大力发展航空母舰和舰载飞机，并组织部队进行严格训练，使日本拥有了在当时领先世界的海军飞机，对日本海军航空兵的发展起了重要作用。1934年11月，山本晋升为中将。

1939年，山本五十六出任日本联合舰队司令，坚决拥护侵略扩张政策，支持并参与了侵华战争；尽管不主张对英、美、荷开战，但是坚决执行大本营的决策。1940年11月，山本被授予海军大将军衔。他强调先发制人，力主在对美开战之初以舰载航空兵袭击珍珠港，消灭美国太平洋舰队主力，确保日军进攻东南亚的翼侧安全。重视海军航空兵在海战中的作用，但未能完全摆脱"巨舰大炮制胜"理论的束缚，企图在美太平洋舰队得到加强前以海上决战的传统战法将其歼灭，结果导致日本海军在中途岛海战和瓜达尔卡纳尔岛海战中惨败。1943年4月18日，在视察部队途中，其座机被美机击落而丧生，死后追授为元帅。

山本五十六身高仅1.59米，是日本海军中最著名的提督，号称"太平洋之鹫"，他性格十分特殊。作为一个大胆的有独特见解的战略家和赌徒，山本五十六最喜欢玩象棋、扑克或桥牌，他经常让身边的人陪他通宵打扑克，条件是谁先提出不玩就算认输。他的一位部下曾说过："赌博时，山本总爱冒险，正如他打仗一样。他有一颗赌徒的心。"

1月8日，日本陆军大臣东条英机为使日军官兵在"大东亚战争"中死心塌地充当炮灰，在陆军阅兵式上向全军发布了由他制定的《战阵训》。《战阵训》的"本训"强调"我国体之本义"，指出"皇军军纪之核心在于对大元帅陛下绝对顺从之崇高精神"，并称是"神灵在上"赋予天皇裕仁的绝对权力。

《战阵训》宣扬军国主义武士道精神，要求日本军队效忠天皇裕仁，要"命令一下，欣然赴死"。他号召全军为天皇裕仁战死，发扬不怕死的武士道精神，声称"生而不受俘囚之辱，死而勿遗罪祸之污名"。在他的欺骗和鼓动下，日本军人表现出了人类少有的兽性，残酷地荼毒东亚和东南亚地区人民。

1月23日，也就是山本五十六正式提出奇袭珍珠港计划后的半个月，日本新任驻美大使野村吉三郎以"和平使者"的身份起程赴美就职。他在下车的时候说:"不管两国之间存在多么严重的问题,我们都能以友好的合作态度统统解决,我们两国之间没有任何理由开战。"此前,野村吉三郎曾经做过日本驻美大使馆海军武官,当时的美国海军部长助理就是后来的美国总统富兰克林·罗斯福。

◎ 珍珠港迎来新主人

2月1日清晨,美军珍珠港海军基地。

"宾夕法尼亚号"战列舰的甲板上,美军士兵整整齐齐地站在甲板上,个个精神抖擞。没过多久,一批又一批身穿金边制服的人通过舷梯走上甲板,水手长如时钟般准确地吹响了哨子。顷刻,16位将官在最前面站成一排。他们后面,站着珍珠港各军舰的舰长和参谋军官。

在《上将进行曲》的军乐声中,一群高级官员结队走来。走在最前面的是美国太平洋舰队司令理查森将军,他庄严肃穆的神情一如既往。然而,理查森的脚步失去了以往的铿锵有力,显得有些沉重,因为今天将是他最后一次站在这里训话了。

理查森恋恋不舍地环视了一下甲板上的官兵,用饱满的声音说:"今天,是我最后一次以舰队司令的身份与你们讲话,因为我即将离开你们!不过,让我感到欣慰的是,我将把指挥权交给一个非常优秀的指挥官——金梅尔将军。我和金梅尔将军早就相识，我深知他的才能和为人，他是一个直率的人，也是一位能力卓著的司令官。我相信，他一定能够带领大家走向新的辉煌。"

理查森发表离职演讲时，金梅尔就站在其身后，聚精会神地倾听着即将离开的舰队司令的每一句话。此刻，金梅尔也如理查森般庄严肃穆。这一天，对于金梅尔来说，同样是个特殊的日子。37年前的今天，是金梅尔结束学业的日子；37年后的金梅尔，则早已成为一位经验丰富的指挥官和久经沙场的老将。

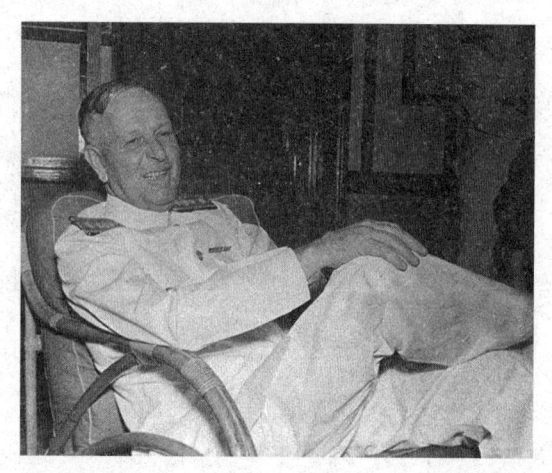

赫斯本德·爱德华·金梅尔

金梅尔，全名赫斯本德·爱德华·金梅尔，美国海军上将，1882年2月26日生于美国肯塔基州亨德森市。他从小就是个上进心很强的人，报考西点军校是他的梦想，然而结果令他失望了，他没有被西点军校录取。1900年6月，金梅尔进入安纳波利斯海军学校学习，1904年2月毕业。1906年，在"弗吉尼亚号"战列舰服役。

第一次世界大战期间，他历任战列舰、巡洋舰的军械官，太平洋舰队枪炮官，助理海军部长富兰克林·罗斯福（即罗斯福总统）的副官，曾随"白色大舰队"进行环球航行。1917年10月，在伦敦任英国皇家海军教官。1919年，任"阿肯萨斯号"战列舰副舰长。后来，在华盛顿海军枪炮厂生产部门任职。1923年12月，在亚洲海军站任"普雷布尔号"驱逐舰舰长，后任驱逐舰分队司令。1925年春，金梅尔入美国海军军事学院深造。1927年，在海军部任政策与联络处处长，后任第十二驱逐舰中队指挥官、"纽约号"战列舰舰长和战列舰部队参谋长。

1937年11月，金梅尔晋升为海军少将，后任第七、第九巡洋舰分队司令和巡洋舰部队司令。1941年2月，晋升为海军上将，任太平洋舰队司令和美国舰队总司令。珍珠港事件后，被解职。1942年3月，以海军少将军衔退役。1968年5月14日，在康涅狄格州格罗顿逝世。金梅尔性情暴躁易怒，很难与他人沟通，甚至和陆军总参谋长马歇尔拍过桌子。著有《金梅尔将军传》（1955）。

理查森讲完话后，将目光投向金梅尔："接下来，由新任司令长官金梅尔给大家训话。"金梅尔戴上一副金边眼镜，从怀里取出一页演讲稿，用一种清晰的语调开始讲话。

金梅尔怀着激动的心情，环视了一周，态度坚决地对大家说："在这里告诉大家，我个人的作战原则是想尽一切办法使舰队保持最高水准的效率和状态。而且，我特别看重执行力。以后的相处中，不管政府给我下达什么命令，我都会尽全力贯彻执行。同样，不管我对你们下达什么命令，我也希望你们能够尽全力贯彻执行。"

舰队司令交接仪式中，部分记者从头到尾参加了。次日，夏威夷的当地报纸《檀香山广告报》登载了一篇记者马克·马修斯的报道，他在报道中这样描述新任司令官："金梅尔司令来自肯塔基州，他是一名优秀的指挥官。现在，他已经成为了太平洋舰队新任指挥官。从今以后，他将成为珍珠港的保护神。"

金梅尔的出色表现有目共睹，直到 1941 年初，所有有关金梅尔的记录都是对他高度评价的报告和远大前程的预测，几乎他的所有上级都对他给予肯定和表示满意。然而，当金梅尔被任命为太平洋舰队的总司令时，从军官到士兵还是感到了有些意外。因为金梅尔的级别毕竟不高，而且知名度也不是很大，仅海军将官中比金梅尔资历深、水平高的人就有不少。日本偷袭珍珠港后，金梅尔由于"玩忽职守"受到调查，调查团曾经这样问过金梅尔："你是否在就任太平洋舰队司令一职前进行了暗中活动，或利用某些关系取得了太平洋舰队的指挥权？"金梅尔坚定地回答："绝对没有。我可以肯定地告诉你们，我成为太平洋舰队司令没有进行任何暗中活动，我完全是靠自己的实力得到这个职位的。"

金梅尔的回答的确是事实。当时美国海军部之所以决定任命金梅尔担任太平洋舰队的司令官，最基本的原因只有一个，那就是他们认为金梅尔是太平洋舰队的最佳指挥官。就这样，美国海军部任命了一个与日本太平洋舰队司令山本五十六有着许多相似经历的对手担任美国太平洋舰队司令。

金梅尔与山本五十六都出生于各自国家的小城市，两个人同一年（1904年）从自己国家的海军军校毕业，两人都有坚定的意志和强烈的献身精神，两个人都拥有出色的指挥才能。他们对形势的分析和战局的把握，都能拿捏得恰到好处。两个人都是能立刻吸引别人目光的人物，他们不管走到哪儿，都能立刻引起人们的关注。两个人都在自己的周围聚集了大量的优秀人才，并且通过自己的人格魅力得到了这些人的尊重。另外，两人都坚持"用人不疑，疑人不用"的原则，能够充分听取下属的意见。更为重要的是，两个人都视国家利益重于一切。金梅尔和山本五十六最大的共同之处是两个人都是火爆脾气。当他们发怒的时候，别人会吓得连话都不敢说。

◎ 珍珠港求不来援兵

金梅尔出任美国太平洋舰队司令不久,美国军方高层又派来了新任的夏威夷陆军司令官肖特陆军少将,由他来接掌原陆军上将海伦的指挥权。

2月7日上午9时,肖特将军抵达珍珠港,原夏威夷陆军司令海伦与肖特做了工作交接。

沃尔特·坎贝尔·肖特

肖特，全名沃尔特·坎贝尔·肖特，美国陆军中将，1880年出生于伊利诺伊州菲尔莫尔市。1901年大学毕业后从军，在美国西南部、菲律宾、阿拉斯加等地服役。1912年到1916年间，肖特担任过射击学校的特约记者。1917年随大红一师开赴法国参加第一次世界大战。不久，他随第十六步兵团前往墨西哥进行远征。在第一次世界大战中，肖特英勇善战，取得了令人羡慕的战绩。

第一次世界大战结束后，肖特在华盛顿服过3年兵役，服役期满后，曾在美国陆军部和陆军参谋部供职，不久后他又进入美国陆军军事学校深造。1923年，肖特晋升为中校。1925年毕业于陆军军事学院，刚刚毕业便远赴波多黎各供职。1930—1934年在陆军部供职，晋升上校后，任第六步兵团团长。1937年，肖特晋升为陆军准将，任第一步兵师旅长。1938—1940年，任第一步兵师师长。1940年，晋升为少将，并任第一军军长。1941年2月任夏威夷陆军部队司令，授中将衔。

山本五十六突袭珍珠港时，肖特毫无防范，致使部队损失惨重，与太平洋舰队司令金梅尔一起被指责为疏于职守，没有密切合作采取足够的防备措施，10天后被解职。1942年2月，肖特和金梅尔一样以少将军衔退役。在先后8次有关珍珠港事件的公私调查中，他一再申辩自己是无辜的，也就是判断失误，主要责任在于美军总部没有充分通报情况和发布明确的指示。肖特与金梅尔都成为最具争议的人物。后来，他在福特汽车公司供职，1949年去世于得克萨斯州的达拉斯。

肖特担任夏威夷陆军部队司令后，与太平洋舰队司令金梅尔进行过多次深入交流。他们一起巡视夏威夷，对珍珠港做了深入调查。随着调查的深入，金梅尔和肖特对珍珠港的情况越来越熟悉，两人同时对珍珠港薄弱的防御感到担忧。作为太平洋战区核心的珍珠港，防御力量单薄，武器配备落后，一旦遭遇空袭，将会是灭顶之灾。于是，两人将这些情况上报华盛顿，但没有得到正式答复。肖特成为金梅尔得力的左膀右臂，也是金梅尔重要的"参谋"之一。

金梅尔上任不久，即给美国海军总部写了一封信，详细介绍珍珠港的现状，并强烈要求美国政府增加珍珠港的防御兵力。他得到的答复却是："你要求对珍珠港增加兵力的建议我们转达给了罗斯福总统。总统先生说他在华盛顿听到许多水兵的家属不停地抱怨，担心自己的亲人会被逼着参加战争。因此，总统认为现在驻守珍珠港的兵力非常合适。如果再增派兵力，会让本来就拥挤的战舰变得更加拥挤。当下珍珠港拥挤的士兵让总统伤透了脑筋，如果再向珍珠港增兵的话，珍珠港将会人满为患，连立足之地都没有。"

华盛顿方面婉转地拒绝了金梅尔增加兵力的请求，这让金梅尔很是气愤和不安。没过多久，金梅尔又给他的上司呈送了第2号密件。金梅尔在密件中对舰队可能会受到攻击表示担心，他列举了所能想象出的各种紧急情况，并附上现有兵力所允许采取的应急措施。金梅尔在密件中对当前的困境做了这样分析："珍珠港处境非常危险，如果对方是一个负责任的强国，那它当然不会对珍珠港进行袭击并挑起战争；如果对方是一个不负责任的强国，那它就会被战争冲昏头脑，随时会突袭珍珠港。"

金梅尔进一步提出他的设想，列举了日本在宣布对美国开战前可能采取的出其不意的行动：日军可能偷袭珍珠港内的我方军舰；日军可能使用潜艇偷袭我航行在太平洋上的船只；前述两种情况很有可能会同时发生。

金梅尔提出了防御空袭的对策：集合陆军，用高射炮击落偷袭之敌。金梅尔认为这样做是最见成效的。金梅尔在发往华盛顿的密件中提到了日本有偷袭珍珠港的可能，不过在他的内心深处始终抱有一丝侥幸，认为当前形势下，日本提前挑起对美国战争的可能性极小。

2月15日，英国首相丘吉尔为限制日本在亚洲的疯狂扩张致电美国总统罗斯福：

种种迹象表明日本极有可能在数星期或数月内对我们开战，或故意制造一些事件迫使我们就犯。我个人不太相信，这是用以掩饰其侵略泰国和印度支那的一种心理战。然而，我觉得，我有责任让你了解，一旦日本海军力量袭击我们，我们必将面临海军无法应付的局面。

我不认为日本会派出一支强大的远征军攻占新加坡，但是他们肯定会占领垂涎已久的荷属东印度及其附近的所有战略地点和油田，从而为日后对新加坡发动大规模的攻击创造有利条件。他们很有可能会偷袭澳大利亚和新西兰的港口与海岸，这就使得已经把所有训练有素的军队派驻中东的那些自治领（译者注：指新西兰、澳大利亚等英联邦自治领）感到非常不安。

我最担心的是，包括巡洋舰在内的袭击舰艇在太平洋和印度洋的我们贸易航线与交通线上所进行的袭击。我们可以不顾其他方面的灾难，派出几艘威力强大的军舰到这些辽阔的洋面，但是任何贸易都要靠运输船队来完成，这样一来贸易活动就不能顺畅进行了。这不仅使我国整个战时经济徒增极大的限制和混乱，更重要的是这将使我们原来计划从澳大利亚与印度抽调力量加强中东部队的所有增援工作陷于停顿。对澳大利亚或新西兰大举进攻，必定迫使我们从东地中海撤退舰队，如此很有可能为该战区带来灾祸，而且土耳其也一定会通融，为了纳粹德国贸易与石油供应而重新开放黑海。

总统先生，你应该清楚了吧，只要日本派遣巡洋舰和12艘8吋大炮巡洋舰到东方洋面，就会大大削弱我们的作战力量。如果日本侵犯南太平洋两个澳洲民主国家，那么我们的力量将更为削弱。

◎ 如此策略，正中山本下怀

2月18日，金梅尔对太平洋舰队的安全再次表示了担心，他在一份报告中强调指出："我现在强烈地感到，日军对珍珠港采取突然袭击的可能性非常大。我们一定要加强珍珠港的防卫措施，以便在遭遇到突然袭击时，将所受到的伤害降到最低并让日方付出一定的代价……"

金梅尔和夏威夷陆军司令肖特一致认为，即使日军真的袭击珍珠港，也会选在珍珠港的舰队出港的时候，所以他们认为应该将舰队集合在港内，以便随时应对突发状况。军舰只有在港内，才能在日军突袭的第一时间对其发动反击。

金梅尔和肖特之所以这样认为，是因为在他们的观念里，太平洋舰队的任务是进攻。一旦真的与日军开战，舰队的主要兵力将急速驶往各战区，并在西太平洋巡航，对日本形成强大威慑。太平洋舰队本身的进攻能力是对珍珠港最好的防御。金梅尔和肖特的这种看法，很快被证明是完全错误的。

美国太平洋舰队，是美军部署在太平洋战区的战略战役编成，是美国海军的两洋舰队之一（另一舰队为大西洋舰队）。它的主要使命是在太平洋战区及印度洋战区单独或协同其他军种遂行战役和战略任务，其中包括组织实施海上战役、消灭敌方海上力量、控制海洋、确保海上交通线、突击敌方岸上目标、实施登陆作战及向海外输送兵力等。太平洋舰队平时归海军部长和海军作战部长领导，战时受美军太平洋总部指挥。

1907年，美国正式成立太平洋舰队。1922年，太平洋舰队与大西洋舰队合并为美国舰队。1940年，根据美国国会通过的"两洋海军"法案再次建立太平洋舰队，首任舰队司令是理查森海军上将。1941年2月，金梅尔海军上将接任理查森出任第二任司令。

太平洋舰队司令部驻夏威夷的瓦胡岛，珍珠港是其主要大型军港。瓦胡岛经美军多年建设，已经成为美军在太平洋中部地区设施良好、功能齐备的综合大型军事基地。舰队辖两个以上作战舰队（按奇数编序），分日常编组和特混编组两种形式。日常编组由兵种（或舰队）部队编成，编制固定；特混编组根据任务临时编成，兵力由兵种司令部派出，不定期轮换，分为舰队、特混舰队、特混大队、特混小队和特混支队5级。第二次世界大战期间，曾辖第一、第三、第五、第七、第九舰队。

日本偷袭珍珠港前，美国太平洋舰队的编成如下：战列舰9艘，航空母舰3艘，重巡洋舰12艘，轻巡洋舰9艘，驱逐舰54艘，潜艇25艘，总计112艘舰船。遭遇偷袭时，4艘航母和1艘战列舰不在珍珠港内，其余主要作战舰只都停泊在港内。当时停泊在珍珠港的战列舰有"西弗吉尼亚号""马里兰号""加利福尼亚号""田纳西号""亚利桑那号""宾夕法尼亚号""内华达号"和"俄克拉荷马号"。

金梅尔出任太平洋舰队司令以来,为了让有才能的人充分发挥作用,他精选了一批有胆有识的军官作为参谋,其中就有绰号"薄荷"的史密斯海军上校、与金梅尔性格最为接近的迪兰尼海军上校、深谋远虑的麦克莫里斯海军上校、被称为"军中最优秀的军官"的墨菲海军中校和头脑敏锐的戴维斯海军中校等。这几位军官都是金梅尔一手提拔和任用的,这些人也是金梅尔参谋人员中最具代表性的几位军官。由于金梅尔知人善任,他的参谋群体是一个充满智慧、专业性突出、能力出众和个性十足的团队。他们之间彼此关系非常好,性格上也能互相补充。这些金梅尔的"左膀右臂"互相信任,虽然这些人性格、经历、见解有许多不同之处,但是他们有一个共同点,那就是对金梅尔无限忠诚。

有人曾这样评价金梅尔:"在美国的所有海军将领中,很难找出比金梅尔更有觉悟、更努力工作、更爱国和更真诚的人了。金梅尔对祖国的无限忠诚导致他的军官们对他也无限忠诚,这种忠诚是发自内心且持久不变的。"

2月24日,日本驻英大使重光葵前往唐宁街10号拜访丘吉尔。丘吉尔在会晤中申明了英日两国间的长期友好关系,他说:"自从1902年英日同盟以来,我本人对日本的感情,以及我们大家此间所抱的不使两国关系破裂的强烈愿望,贵国不能期望我们以赞同的态度来看待贵国正在中国所进行的行动。不过,我们保持了一种正确的中立态度,而且这种中立与我们过去帮助贵国对俄国作战时所表现的确实大不相同。我们丝毫没有进攻贵国的意思,而且除了希望贵国繁荣与和平以外,没有其他愿望。如果贵国在已经忙于和中国作战的这个阶段，又同我国和美国作战，那将是十分遗憾的。"

重光葵说："我们根本没有侵犯贵国和美国的计划，且不愿卷入与两国中任何一国的战争。同时，我们也没有袭击新加坡和澳大利亚的计划，我们从来不想在荷属东印度获得一个立足点。唯一让我们愤愤不平的是贵国对中国的态度，贵国显然是在鼓励中国，增加我们的困难。"

丘吉尔提醒重光葵："贵国同德、意签订三国同盟条约，是贵国的一个极大错误。"最后，丘吉尔重申他的友好保证，而重光葵的态度始终是非常友好的。丘吉尔自然明白重光葵在这些问题上的立场。

第二章
明修栈道，暗度陈仓

当《五一二试案》放在美国国务卿办公桌上时，赫尔怒极反笑，日本提出这样的条款，完全把自己当成了亚洲和太平洋地区的统治者。然而，罗斯福仍然希望求得与日本的暂时妥协，所以尽管日本漫天要价，美国人仍然同意继续谈判，并且于5月16日提交了作为《五一二试案》的对案。

◎ 偷袭成功，他功不可没

  1941年2月，日美两国谈判正式开始，谈判在日本驻美大使野村和美国国务卿赫尔之间展开。谈判刚开始，赫尔便提出四项基本原则：第一，尊重所有国家领土和主权完整；第二，不干涉其他国家内政；第三，平等，包括商业机会均等；第四，不改变太平洋地区现状，除非用和平手段改变。

  听完赫尔提出的四条原则后，野村微笑着问："阁下，是否要求我们立即同意这些原则？"

  赫尔说："有些建议可以马上同意，其他可以修改。不过，如贵国政府真心诚意改变其原则……我认为没有完全理由可以说明为什么不能就所有重大问题找到一个大家都满意的解决办法。"

  听了赫尔的答复，野村觉得美国人是在暗示他们可以在一些问题上做出让步，看来谈判是有希望的。于是，他立即把这一情况向东京作了汇报。

  首相近卫文麿得到野村的汇报后，感到很满意，他认为日本同意谈判的举动已经让美国对日本产生了信任。他命令野村尽量与美国多谈，提的要求越多越好，希望美国能够同意，而对于承诺则"不要那么积极"。

遵照东京的指示，野村在第二轮谈判中，提出要求美国承认日本对大片中国地区行使权力；美国应停止援助蒋介石并迫使他求和。这些要求就是近卫希望通过和谈达到战争所要达到的目的。

对于野村的这个提议，赫尔认为是对美国的一种侮辱，他当即拒绝，并向野村抱怨："这个提议远不如你们要我们相信的那样迁就，只有狂热的日本帝国主义分子才会这样做。"

在美日谈判中，赫尔坚决主张日本遵守美国的四项基本原则，日本必须尊重他国的领土。野村急于谈判，过分强调了美国在"谅解草案"的基础上进行谈判的意愿。双方的会谈一次又一次地举行，彬彬有礼的野村不断地缠着赫尔，希望美国同意他们提出的要求。岩畔和井川则不断地对野村施加压力，要求他想方设法从美国那里得到更多承诺。同时，岩畔和井川还经常外出，目的是更多地了解美国的军事装备及其实力。

谈判中，野村耳疾复发，听话十分困难。性急的赫尔看到满脸微笑、彬彬有礼的野村心里直发毛，然而，赫尔必须耐着性子倾听他的陈述和向他表述美国的立场。

就在日美谈判因双方立场不一致加上种种因素干扰而陷入僵局时，日本军方的谍报工作却取得了重大的成果。

3月4日，日本驻英大使重光葵再次拜会丘吉尔。重光葵以动听的言辞表示日本不愿卷入战争，不愿同英国决裂，他把德意日三国同盟条约说成是维持和平的条约，并说只是出于日本要求缩小冲突的愿望。丘吉尔明确提出："该条约是否授予贵国政府以解释任何特定局势的充分权力,这个条约曾否规定日本有参战的义务?"重光葵对丘吉尔的问题没有表示异议,等于是默认了。

3月20日,日本海军少尉吉川猛夫经过8个月的严格训练后,化名外务书记"森村正"。他肩负着一个秘密使命,即收集有关珍珠港美国战舰的情况、飞机的种类和数量、防空情况及飞机和舰船的巡逻情况等。此时,他所乘坐的"新田丸号"刚刚离开横滨码头,悄然驶往檀香山。

吉川猛夫,29岁,中等偏瘦身材,看上去非常质朴,从他身上看不出半点高级间谍的影子。他长于随机应变,机警异常,有"美国海军活字典"之称,对美国海军的了解甚至连许多海军专家都自叹弗如。在美国凭着"亲眼看,亲耳听,亲动脑,冷静判断"这一信条,在漫长的谍报生

吉川猛夫

涯中,获得了不少重要信息。吉川猛夫的左手食指断了一截,这是作为一名间谍的致命缺陷。然而,恰恰是这个缺陷,反倒成就了吉川猛夫一代名谍的名声,他从未被列入引起美国情报机关注意的人员名单。

吉川猛夫到檀香山后,立即改头换面,穿着绿色西装衣裤和夏威夷汗衫,戴着插有羽毛的夏威夷帽,或是坐小汽车,或是乘小飞机,在大街上来回兜风,好像一副观光旅游的样子,实则暗中观察珍珠港军事基地。他还经常穿着艳丽的夏威夷特色服饰,与一个19岁的美貌女郎一起外出,两人谈笑风生,情意绵绵,俨然一对热恋中的情侣。美国联邦调查局对幽会的青年男女的监视一向比较轻松,这对"情侣"每隔4天便

从珍珠港旁边路过一次，把停在港内的舰船类型和数量一一记在笔记本上。吉川猛夫经常出现在一家名叫"春潮楼"的日本酒馆中。春潮楼位于阿勒瓦高地的山冈上，吉川猛夫发现从酒馆的二楼可以俯瞰整个珍珠港。于是，他成天泡在春潮楼，与许多日裔女郎厮混在一起，经常搂着妓女喝得"酩酊大醉"，"醉醺醺"地躲在窗户的后面，目不转睛地注视着珍珠港。除了珍珠港内，其他地方都没有美国海军舰只，这是他观察许久后得出的重要结论。

吉川猛夫把注意力全部放在对瓦胡岛的侦察上。瓦胡岛上除了珍珠港外还有许多军事基地，有的还在扩建，有的已经建成。它们的情况以及岛上的兵力部署和调动情况都需要搞清楚。对于一个29岁的年轻人来说，探明如此庞大兵力的动态显然不是一件容易的事。他从不用望远镜，从不带地图，只凭脑子记忆路线和地形。为了防备美国联邦特工人员的注意和跟踪，在一个地方观察的时间一般不超过30分钟。得到重要情报后，他都会在晚上回去标在地图上，然后跟领事、副领事一起采用笔谈的方式仔细商量，从不讲话，预防隔墙有耳。吉川猛夫在总领事馆的薪水是每月150美元，外加半年的600美元活动经费，这笔钱让他出手大方，表现豪爽，结交了各个阶层的朋友。这样，套取情报就更加容易了。他非常谨慎，很少直接问问题，常常以聊家常或打赌的形式套取情报。情报有时用领事馆的发报机发出，有时花钱从夏威夷民间广播节目中播出。在当地民间广播台的广告节目中，常有这样的内容，如"一条名叫麦耶的警犬走失""近乎全新的中国地毯"，等等。这里的"麦耶"和"中国地毯"都是美国海军航空母舰战列舰的代号，"走失"的意思是这些战舰出港了。

◎ 这一仗非打不可

1941年初春的一个夜晚，日本联合舰队司令山本五十六在旗舰"长门号"战列舰长官室里召开会议。山本正中就座，两边坐着他的幕僚，对面坐着第一航空舰队的高级军官，航空参谋源田实海军少佐也参加了会议。会议主要是研究奇袭珍珠港的可行性问题。

会场寂静无声，大家都凝视着山本五十六，严肃紧张的空气令人窒息。

"以上就是这次作战的大体设想，为了完成南线作战，无论如何必须实施珍珠港作战。说起来，是有些冒险，一旦失败，整个作战就有垮台的危险。关于这一点，希望在座的作战部队各位军官毫无顾虑地提出意见。"

山本锐利的目光扫视了一下会场。

大家一言不发，没有人敢轻易发表意见。最后，还是第一航空舰队司令官南云忠一率先发问："源田君，你认为只用飞机就可以搞定这次行动吗？"

"是的。我想，只要敌舰队停在原地，用飞机就够了。"源田回答。

"需要多少兵力？"

"第一航空舰队所有航空母舰的舰载机。"

"警戒兵力呢？"

"为了避免同敌水面舰艇遭遇，在空袭期间，需要派两艘战列舰和两艘巡洋舰，另外还需几艘驱逐舰负责警戒。"

"敌军一旦发觉我们的企图，出来截击怎么办？"

这是此次奇袭能否成功的关键问题，从日本本土到珍珠港航程3000多海里，一旦在海上同美国的主力舰队遭遇，后果不堪设想。这时，在座的所有人把目光集中到源田实身上。

"那只好在海上决一死战了。我方有压倒性优势的航空兵力，不用担心在海上跟敌人遭遇，相反是求之不得的事。我认为，问题在于敌人在岸基航空兵兵力方面占有很大优势，当我们对敌航空基地实施强攻时，则要准备付出相当大的伤亡。因此，我认为必须奇袭，而且攻击时间最好在拂晓。但是，当局势处于一触即发的紧急时刻，美国舰队还会待在珍珠港内不动吗？"

南云忠一接着问："另外，太平洋各岛屿美军基地的巡逻机恐怕早已警戒森严，怎么才能保证通过敌人的警戒线而不被敌人察觉呢？"

南云忠一停了一下，有些激动地说："只要被一架敌机或者一艘潜艇发现，我们的行动必然会受到影响，作战行动很有可能受挫。这样一来，不但会影响南线作战，还会导致以后整个战局的破产。"

南云忠一说到这里，看了一眼山本："我认为这个作战方案包含太多的冒险因素。"

山本没有回答，双眼微闭，两臂交叉，侧耳静听。

"南云君，"第二航空舰队司令山口多闻突然反问了一句，"你认为怎么办才好？"

南云忠一斩钉截铁地说："集中兵力南线作战，如果航空母舰分散兵力，夏威夷和南线同时作战，恐怕两地的兵力都会吃力。总之，珍珠港作战是一种极大的冒险。万一失败，整个作战将会前功尽弃，我们第一航空舰队的兵力将折损一半，这样做太危险了。如果集中全部兵力在南线作战，可以不用顾及美国太平洋舰队。鉴于此，我个人反对珍珠港作战。"

南云忠一说完后，大家面面相觑。南云说得有道理，而海军军令部也主张集中兵力在南线作战。提议实施珍珠港作战的是山本五十六，但是具体负责指挥珍珠港作战的则是南云忠一，所以在座的与会者觉得不好表明态度。

山本仍旧闭着双眼，一言不发。

"我完全赞成珍珠港作战。"大家的视线一下子转向说话者的身上，原来发言的是山口多闻。山口有些激动："诚如南云君所说，珍珠港作战会冒很大风险，但是美国舰队对太平洋的威胁极大，我们在进行南线作战前不能置之不理。美国海军的战斗意志很强，太平洋舰队势必纠集英、荷、澳三国海军对我南线作战发动反击。就算我们在南线登陆成功，如果我们的供应线受到袭扰，乃至敌人乘机骚扰我们的本土，战局将难以收拾。因此，我主张先给珍珠港一击，何况我们的劲敌是美国海军。至于说兵分两路不利，那就把第一航空舰队的航空母舰全部投入珍珠港作战。目前，南线等于没有设防的地区，依我看不必把海军兵力全部投入，不如把夏威夷作为主要作战方向。综上所述，我完全赞同珍珠港作战。为了确保成功，我们需要研究一个万全之策。"

山口多闻的发言如同在平静的水面上投下一颗石子。人们开始悄悄议论起来，赞成和反对两种意见截然对立。过了好长时间，一直在倾听大家议论的山本终于开口："各位对珍珠港作战的见解，我都听到了。我的意见是，排除一切困难，突袭珍珠港！"

山本停顿了一下接着说："各位，请记住，只要我还是联合舰队司令官，这一仗就非打不可。希望你们仔细研究，确保突袭成功。"

日本联合舰队

日本联合舰队，20世纪前半叶日本海军在中、远海遂行机动作战任务的战略级军事编组形式，是日本海上作战部队的主力部队，通常由两个以上的舰队组成，统辖并指挥除近海防御兵力以外的大部乃至全部机动作战兵力。联合舰队司令官由海军大将或中将担任，直接对天皇裕仁负责，在军政方面接受海军大臣领导，在作战计划方面接受军令部总长指示。

日本海军的舰队建设最早可追溯至明治三年（1870年），当时只有3艘军舰和4艘运输船。1889年，日本开始设立常备舰队，而联合舰队只是战时编组形式，战争结束即让舰艇归建，恢复常备舰队。

日本先后有3次改常备舰队为联合舰队。第一次在1894年，把常备舰队和西海舰队编成联合舰队，其目的是为了对大清作战。日本打败大清北洋海军后，于1895年解散了联合舰队。第二次在1903年，目的是为了对俄国作战，结果是由东乡平八郎任总司令的联合舰队打败了俄国太平洋舰队。战争结束后，又一次解散了联合舰队。第一次世界大战后至1927年，日本想搞一个"八八舰队"（8艘战列舰和8艘巡洋舰），碍于《华盛顿条约》的限制始终没有实现。然而，日本人并不死心，他们钻了《华盛顿条约》对航空母舰制造吨位的空子，不让多搞战列舰就搞航空母舰。第三次在1921年，联合舰队实际成了常设编成，到1933年联合舰队正式成为常设部队。那时，日本联合舰队已拥有"凤翔号"航空母舰和两个航空舰队。

太平洋战争爆发前夕（1941年11月），日本联合舰队已经成为具有大规模综合作战能力的世界级大型舰队，拥有的舰船占日本大中型作战舰船总数的90%以上。联合舰队辖第一、第二、第三、第四、第五、第六舰队和第一、第十一航空舰队及南遣舰队。第一舰队为战列舰部队，第二舰队为重巡洋舰部队，第三舰队为封锁与运输部队，第四舰队为占领区部队，第五舰队为北方部队，第六舰队为潜艇部队，第一航空舰队为航空母舰部队，第十一航空舰队为岸基航空部队。联合舰队拥有潜艇以上主要作战舰艇230多艘，飞机1000多架。其中，航空母舰10艘，战列舰 10 艘，巡洋舰 38 艘，驱逐舰 112 艘，潜艇 65 艘。

　　山本五十六的决心之大是许多人想象不到的。自提出偷袭计划之初，山本就清楚地知道实施这一计划的极其冒险性和难度，但他矢志不移地坚持实施这个偷袭计划。他使出浑身解数说服反对这一主张的人，甚至以辞职相要挟。他在写给海军大臣吉川古志郎的信中，除了反复强调他的思想外，还坚决地向吉川表示，如果航空舰队缺乏足够的战斗勇气，他可以亲自担任第一航空舰队司令官，直接指挥这场战役。在山本的一再坚持下，海军军令部部长永野修身终于在离袭击珍珠港仅有 35 天的 11 月 3 日正式批准了山本的计划。尽管山本的计划直到开战前 35 天时才被日本最高军事当局批准，但在 4 月份山本就命令部队进行作战准备了。

◎ 野心，外交上暴露无遗

4月14日，美国国务卿赫尔带日本驻美大使野村吉三郎拜见罗斯福。罗斯福对野村说："有一点我是深信不疑的，那就是我们两个国家所发生的一切矛盾和冲突都是能够通过和平的方式解决的，但解决这些问题的第一步是贵国政府要排除我们对贵国的某些行为所产生的不安与怀疑。"

赫尔赶紧补充道："此刻，贵国的松冈洋右外交大臣正在欧洲进行国事访问。他所说的那些'豪言壮语'以及贵国大规模军队集结在法属印度支那和泰国附近的举动让人不胜恐惧啊！对于这些事情，美国公众也是群情激愤。因此，对于那些应该认真讨论的问题，希望贵国能够在言论和行动上保持一致。"

4月15日，美国邮政部长弗立克·沃克和詹姆斯·沃尔什神父等人在日本与岩畔豪雄大佐、井川忠雄理事进行"民间"会谈。后来，会谈的场所移到华盛顿，野村也参加了"民间"会谈。经过讨论与协商，最后形成了一个非官方的文件《日美谅解方案》。这个被美国史学家费思称为"出生在私人小医院双亲不明的婴儿"的方案，却得到了日本新任驻美大使野村吉三郎的赞同和支持。其实，早在野村上任之前，1940年11月日本和美国之间就有所谓的"民间代表"奔走游说，利用所谓的业余外交来调整"美日邦交"，野村抵美后更是推波助澜。

4月19日，《日美谅解方案》提交到了美国国务卿赫尔的手上。方案主要内容如下：（1）在太平洋地区，日本不会以武力来改变现状；（2）只有在德国受到侵略的时候，日本才会履行《德意日三国同盟条约》的义务；（3）由美国出面敦促中国的蒋介石政府与日本谈判，如果蒋介石政府拒绝谈判，那么美国将立即停止援蒋；（4）美日达成一致，不允许第三国改变东亚现状，并共同宣告"亚洲门罗主义"；（5）美国协助日本在西南太平洋获取战略物资，同意恢复与日本的贸易往来；（6）美日开放各自经济门户，美国从经济上援助日本。

对于这个谅解方案，美国国务院召集远东方面的相关专家在一起讨论了3天。经过一番激烈的讨论，仍然没有得到一个最终结果。专家们认为方案中的一部分完全不能接受，一部分经商讨后可以接受，一部分还需要斟酌。对于其他国家的战争，美国政府一向抱有作壁上观的态度，这次自然也不例外。由于美国一贯的绥靖政策，才让他们想尽一切办法置身事外。这个方案，虽说有些过分，却像一把打开大范围接触和深入谈判的钥匙。

赫尔非常生气，他认为这是一个完全对日本有利的方案，是对美国的侮辱。他毫不犹豫地拒绝了这个方案，并讽刺道："美国不会低三下四迁就任何人，尤其是狂热的军国主义好战分子！"

5月12日，日本政府在《美日谅解方案》的基础上又抛出了一个《五一二试案》，又称《松冈修正案》。日本的野心在该修正案中昭然若揭，删去原方案中"不诉诸武力"的南进条款，决定遵守《德意日三国同盟条约》，坚持日本在中国的驻军权。

当《五一二试案》放在美国国务卿办公桌上时，赫尔怒极反笑，日本提出这样的条款，完全把自己当成了亚洲和太平洋地区的统治者。然而，罗斯福仍然希望求得与日本的暂时妥协，所以尽管日本漫天要价，美国人仍然同意继续谈判，并且于5月16日提交了作为《五一二试案》的对案。

同一天，日本间谍吉川猛夫向东京发出第一份密电。他在密电中详细罗列了11日停泊在珍珠港内美国舰队的数目及名称。日本军令部对这则消息特别看重，命令吉川猛夫在5月到7月间，每隔10天报告一次；8月，则3天报告一次；12月，每天都要报告。

吉川猛夫不辱使命，不择手段窃取情报，这就让日本方面很快掌握了珍珠港内美国太平洋舰队活动的规律。吉川猛夫窃取情报的手段花样百出，有时，他会装扮成菲律宾佣人，弄得蓬头垢面，像个乞丐，穿着素色的夏威夷衫去甘蔗园里帮工，因为他发现从甘蔗园里向外远眺，能将整个珍珠港尽收眼底。有时，他会扮作渔夫大胆地将鱼竿伸到珍珠港海湾。

随着日本和美国关系的日益紧张，美方的监视越来越严密。吉川猛夫使出浑身解数，完成上司下达的一个个命令。

5月15日，日本参谋本部召开首脑会议。会议分析并讨论了关于苏德开战的可能性问题，最后得出的一致结论是：德国不会马上进攻苏联，因为希特勒不会做出同时与英、苏两强开战的愚蠢决定。然而，出乎所有人预料，希特勒根本就不是按常理出牌的人。

5月20日,美国国务卿赫尔与日本驻美大使野村吉三郎举行会谈。会上,日本人又一次展露了他们的野心,拒绝考虑从中国撤军,想继续占领河北、山西、陕西、察哈尔和绥远等共103.6万平方公里,这可是有着8000万人口的广大地区。当然,美国人是不会同意这种毫无诚意的条款的。在赫尔明确拒绝后,双方又没有达成一致协议。

随后,日本趁着地中海突然燃起战火、美国于5月27日宣布进入紧急状态、整个国家处在紧张状态的时候,彻底暴露了其贪婪的嘴脸,想把美国和英国的势力彻底挤出中国,排斥出远东,美国当然不会答应。

日本得寸进尺,美国的四项原则也是寸步不让,这就预示着美日之间的矛盾是极难调和的。这场曾被中国人民和国际舆论斥之为"远东慕尼黑阴谋"的政治交易最终没能成功。美国和日本的角度和根本立场不同,双方想要达成一致,除非其中一方做出让步或是国际形势发生巨大变化,否则美日双方很难在谈判桌上达成一致。

就在美日谈判陷入僵局的时候,一个爆炸性的消息震惊了全世界——德国闪击了苏联!短短几十天内,德军突破苏联边界600多公里。这个消息让本来已经混乱不堪的国际形势更加令人难以理解了。日本军阀蠢蠢欲动,在统治集团内部爆发了一场"南进"还是"北进"的争吵,最终"南进"派占了上风。

◎ 金梅尔的备忘录

5月26日,美国太平洋舰队司令金梅尔给海军作战部长斯塔克发去一封信,这封信是一份长达11页的备忘录。金梅尔在这份备忘录中详细地表达了他的意见和见解。

前段时间,美国航空局由于刚刚成立不久,从各舰抽调了大批经过训练的士兵到新建造的军舰上服役,且告知金梅尔这些所抽调的人员中大约有72%来自太平洋舰队,28%的人员来自大西洋舰队。这就意味着,美国政府将要从本来就人员缺乏的太平洋舰队再抽走大量兵力。对此,金梅尔表示强烈不满,他在备忘录中写道:"除非按照最近调整过的各舰队的相对力量重新调控这些数字,否则强行从太平洋舰队抽调大批人员,将会让太平洋舰队失去大量有经验的人员,太平洋战区的防御力量将会被严重削弱……"

美军在珍珠港的航空兵力非常薄弱,根本没有足够的力量进行防御,更无法应付突然到来的战争。这些薄弱的舰队力量,令金梅尔非常担忧和不满。

在太平洋战区，无论是有经验的飞行员还是分配到的飞机的数量与质量，它们的武器系统和配件都非常落后，这样的武器和装备很难打赢未来的战争。金梅尔在备忘录中做了详细的说明，希望罗斯福总统向太平洋舰队提供更好的装备。

夏威夷群岛虽然离美国本土不是十分遥远，军需物资却十分有限。对此，金梅尔在备忘录中写道："现在太平洋战区的物资供应量严重不足，这样的状况至少从两个方面制约太平洋舰队，一是对大不列颠的援助，二是陆军的迅速扩大。从当前的情况来看，太平洋战区的海军极有可能与装备良好的日军发生冲突。可是，我们却得不到像英国和我们的陆军那样的关系到战争结局和士兵性命的必需品。要知道，兵马未动粮草先行，没有足够的后勤供应，军队就没有充足的体力和精力去战斗……"

鉴于美国太平洋舰队在珍珠港的驻军不足以保证太平洋战区的安全，金梅尔在备忘录中指出："政府时常会借用各种名义，将珍珠港的战舰'借'去使用，这样做的结果会让太平洋舰队的防御实力严重下降。在太平洋地区，我军潜在的敌人离我们很近，他们虎视眈眈，随时会进攻我们。不管与日军的谈判结果如何，我们与日本早晚会有一战。而作为战略要地的珍珠港，政府分配给我们的兵力十分有限，如果想要保证太平洋战区的安全，需要在珍珠港配备足够的轻型舰只和航空母舰。只有这样，我们才能取得优势，才能随时准备对付前来捣乱的日本军队，也只有这样太平洋战区才会变得更加安全。"

金梅尔深知海军航空兵的价值，他从不依赖战列舰，并在备忘录中指出："按目前的作战计划，太平洋舰队已经严重削减了轻型舰和航空母舰，这样对于整个太平洋的安全是非常危险的。"

金梅尔在备忘录中所说的有一定的战略价值，但是并没有引起美国政府的足够重视。他在备忘录中除了上述提到的问题外，还对当前美国的"国家政策"提出了不满。他这样写道："我们的国家是一个伟大的国家，它的许多政策都是非常具有战略意义的。然而，我却发现，我们的所有政策和为贯彻它们所进行的一系列外交活动和军事活动非常不协调。今天，任何政策都不会比用来支持它的武力更好，因为军队才是一个国家具有多大发言权最为根本的保证。虽然这一点在原则上被承认，但实际上明显被忽略了。仅就太平洋战区而言，政府将舰队留在夏威夷的目的只是作为一种摆设，没有任何的威慑作用。令我不解的是，政府又多次派出多艘重型巡洋舰前往大西洋……"

根据这些情况，金梅尔在备忘录中提出了他的解决方案："建议外交部门能够明确地告诉军事部门希望产生什么样的效果，军事部门根据外交部门的意见，采用一切办法全力实现。只有这样，我们才有足够的力量让敌人产生恐惧。在我看来，一个国家最重要的威慑力量，不是外交方面有多强硬，而是它的军事实力有多强大。"

最后，金梅尔在备忘录中针对"情报问题"作了详细的阐述，他观点鲜明地指出："许多情况下，我们的作战人员经常不能完全地理解政府的政策，不管是对在前线作战的指挥官，还是对冲杀在第一线的普通士兵，都是不能容忍的。很多政策有一定的不确定性，如果因此而造成了严重的损失，这是谁也不愿意看到的。很多前线指挥官，他们很多时候不能确切地知道他可用什么样的兵力，并且对严重影响他执行分配到的任务的能力的事情没有发言权，这一点令人感到非常沮丧。众所周知，不论是在外交上还是在军事上，变幻莫测的国际形势完全能够决定一件事情的成败。然而，对于这一点，政府似乎认识不够充分，也许甚至连军事权威本身对这些事情都缺乏了解，这无疑会妨碍提供及时的情报。对于军队来说，情报往往起着决定性的作用。"

海军作战部长斯塔克收到金梅尔的备忘录后，从头到尾仔细阅读了一遍。对于金梅尔在备忘录中所提出的这些意见或是建议，斯塔克并没有认真考虑和分析，他只是觉得金梅尔未免有些杞人忧天，他的这些担忧是没有道理的。斯塔克还认为金梅尔对全局缺乏深刻的理解，因此他觉得应该将这个太平洋舰队的司令召来当面谈谈。于是，斯塔克给金梅尔发去一封电报，邀请他到华盛顿，与海军部的相关领导面对面进行一次交流。收到斯塔克的电报后，金梅尔高兴得不得了，他早就希望面见海军的高层，与他们进行一次深入的交流。

◎ 直言罗斯福

5月27日，是日本的海军节，又是日本对马海战胜利纪念日。当天，日本海军在四国岛西南海岸的宿毛湾进行了鱼雷和其他轰炸技术演习，以检验前段时间的训练成果。

晚间，日本海军发言人平出英夫海军上校在东京无线电广播电台极度兴奋地宣称："海军航空部队现在有4000架飞机，经常进行特殊的战斗训练。""我们坚信，海军目前已做好了充分准备，可以在瞬间粉碎任何敢于向日本挑战的敌人。天皇陛下的海军航空部队……现在可以制定使任何国家立即灭亡的策略。"

到5月底，日本第一航空舰队的飞行员们已艰苦训练了很长时间。针对前段时间的训练情况，司令官南云忠一下发了一份有关训练达标要求的冗长的文件。这份文件规定，将1941年7月初定为这支新组建部队达到相当于帝国海军任何其他部队基本训练标准的最后日期；到8月底，第一航空舰队应具备随时投入战斗的作战能力。之后，战斗力还应进一步提高。南云特别强调诸如对敌空军基地实施大规模突袭、摧毁敌航空母舰、航空母舰的战术性机动以及与陆基飞机和潜艇部队的配合等项目的训练。在技战术训练上，他强调不同类型的飞机进行协同攻击、夜间鱼雷攻击、大规模编队的空战、夜间战斗机技术、大型机群的重复进攻、改进防空及防潜措施以及规避鱼雷的方法的训练等。

6月9日，罗斯福在白宫会见了美国太平洋舰队司令金梅尔。这对于金梅尔来说，是非常难得的机会。在两个人的谈话中，彼此之间思想的交锋极为短暂，而且次数也非常少。双方谈话很平和。金梅尔性格刚直，从不迷信总统的权威，对罗斯福也没有什么个人崇拜。因此，金梅尔对于罗斯福的意见并不是一味地只会回答"是"或"对"。他总是经过思考之后，清晰地说出自己的观点，从来不会未假思考就对罗斯福所提出的意见表示赞同。

罗斯福告诉金梅尔，现在政府正在与日本进行着紧张的谈判，目的是寻求一个能够保持太平洋长久和平的方法，谈判中虽然遇到了一点儿麻烦，但仍有可能达成协议。如果真的与日本达成和平协议，那太平洋将会是一个没有战争的安全区域。金梅尔不赞同罗斯福的观点，他轻轻摇了摇头，认为罗斯福所讲的这些话中"包含了大量的如意算盘"。

接着，罗斯福向金梅尔谈到了从太平洋舰队抽调3艘战舰的问题。他征求金梅尔的意见，问再抽调3艘战舰对太平洋舰队是否有影响。金梅尔苦笑一声，如实告诉罗斯福现在太平洋舰队的战舰并不充裕。罗斯福对金梅尔说，海军部长诺克斯曾经对他讲过太平洋舰队其实保留6艘战列舰就足够了，6艘战列舰足以摧毁日本的通信系统，足以保卫夏威夷的安全。

罗斯福对金梅尔说:"我觉得斯塔克的观点比较离谱,他甚至认为3艘战列舰就足以保卫夏威夷,让日本不敢对夏威夷轻举妄动。另外,他还建议再从太平洋舰队抽调3艘战列舰执行其他的袭击任务。"

金梅尔实在是听不下去了,异常愤怒地说:"斯塔克真的这么认为,那他一定是疯了!"

罗斯福非但没有被金梅尔的怒吼惹恼,反而面带微笑地说:"我也觉得斯塔克简直是疯了。我认为他的说法非常愚蠢,我直接对他说,'你的想法非常不切实际,是一个愚蠢的主意'。"

金梅尔余怒未消,愤愤地说:"我相信总统的判断力,我也相信有比我更高级的权威会帮助我解决这些问题。但无论如何,对于太平洋舰队的实力一而再、再而三地被削减,我个人表示强烈反对。这样做的后果等于告诉日本人:放心大胆地来进攻珍珠港吧。"

"你说得没错,我同意你的看法。"罗斯福面带微笑地说。

由于驻守在太平洋的日军联合舰队所拥有的战舰远远多于美军,因此金梅尔向罗斯福提出建议,希望多派几艘战舰增援太平洋舰队。他说:"如果想要保证太平洋的安全,就要想办法增强太平洋舰队的兵力。我们在太平洋用于进攻的兵力本来就没有优势,加上这段时间战舰被频频调出,进攻和防御力量就更弱了。为太平洋舰队增加战舰,必将有助于太平洋的安全。"

对于金梅尔的提议,罗斯福只是微笑着看了他一眼,没有表示同意,也没有表示反对。

金梅尔离开白宫后,得出了这样的结论:总统根本就没有向太平洋舰队增派兵力的打算,但也没有再从太平洋舰队调出更多战列舰的意图,不从太平洋舰队再抽调军舰就已经不错了。金梅尔认为,为了对太平洋内日军的联合舰队造成威慑,应该向太平洋舰队增派兵力并增强珍珠港的防御能力。

会见结束后,金梅尔感到前所未有的轻松,他感到不虚此行,虽然没有为太平洋舰队谋取太多的好处,至少让罗斯福清楚地知道了珍珠港目前的情况,即薄弱的防御和软弱的攻击力。

金梅尔虽然与罗斯福进行了深入交流,但他心中仍然存在着忧虑:某一天,海军部可能还会寻找各种理由抽调太平洋舰队的军舰。如果这样的话,太平洋舰队就真的没有什么防御能力了。从美国的军事战略看,一直到日本袭击珍珠港前,对于珍珠港的防卫并没有引起政府和军方的重视,所以珍珠港相当于一个不设防港口。作为太平洋舰队司令的金梅尔,不得不在这样的困境下尽力进行防御。

◎ 盯上法属印度支那

6月9日，日本参谋本部召开紧急会议。会议就德国与苏联开战期间日本采取什么样的对策展开了讨论和研究。作战部长田中新一主张采取强硬的对策，他说："国际形势变幻莫测，美国政府不敢轻举妄动。对于我们而言，只要有机可乘就一定不要放弃使用武力。"他的意见被大多数与会者认可，但是并没有得到一致确认。其根本的原因是某些日军将领认为如果以德、意、日三国为轴心介入苏联战争，这样的结果即使能够歼灭苏联，也会让德国更加不可一世，日本可能会像仆从国一样任凭其摆布。这种观点虽然大家没有说出来，但每个人心中都隐隐有这样的感觉。会议最后无果而终。

会后，日军战争指导班的有末单独找到田中新一，想同他继续商讨日军下一步的对策。田中也是军国主义狂热的好战分子之一，他主张对苏联发动进攻。然而，有末认为这样做的结果会让德国更加强大，日本即使帮助德国消灭了苏联，也得不到什么好处。因此，有末提出"南占法属印度支那，北攻中国，增兵防守，以拒英美"的方案。但是，有末的这个方案与田中的想法相差太远，田中觉得如果按照这个方案执行的话，耗费时间太长。田中当然不会接受有末的方案，于是有末用恳请的语气建议田中好好考虑一下自己的方案，却被田中一口回绝，他不想将精力花费在这些没用的方案上。有末仍不死心，再三建议，最后田中勃然大怒，几乎要动起手来。有末见实在没有办法，才黯然离开。

6月10日，日本陆海军军务局长和作战部长就苏德开战期间日本应该采取的措施等问题召开讨论会。会议结果跟昨天参谋本部的会议一样，没有取得统一的意见，但对进攻法属印度支那基本达成了一致。

6月11日，日本政府联合大本营举行会议。会议主要讨论有关进攻法属印度支那问题。问题的核心是日军在现阶段能不能冒着得罪英美的危险进攻法属印度支那。针对这个问题，日军实权派首领之间进行了激烈的讨论。

"统帅部希望能够让帝国军队进驻法属印度支那南部。关于这个问题，大家有什么不同的意见吗？"军事参议官杉山元陆军大将扫视了一下会场问道。

外交大臣松冈洋右说："占领法属印度支那自然是好事，但是如果真这样做的话，美国和英国肯定不会坐视不理。英国的军队或许会开进泰国，与我们形成对峙。"

杉山元说："现在不是10年前，更不是100年前，英国早已不是过去的那个日不落帝国了，即使真的与他们正面交锋，他们也讨不到半点儿便宜。况且，现在的英国早已被希特勒打得自顾不暇，他们根本没有时间和精力来管'闲'事了。"

松冈洋右说："如果真的占领法属印度支那，那对缅甸也会产生一定的影响。果真如此,那英国没有理由不进行干涉。"

杉山元说:"从理论上看似乎是这样,但是我始终认为,如果我军态度强硬且威慑力够强的话,英国就不会出面干涉。"

松冈洋右说:"我仍然觉得这样做风险太大,能不能想个稳妥的办法?"

海军军令部总长永野修身说:"我军这次必然要对法属印度支那和泰国发动进攻,如果谁敢进行阻挠的话,我们都会对他进行毫不留情的打击。作为一名军人,我一直坚信,该打就得打!"

永野修身的强硬态度令许多人低下头,默不作声。

6月12日上午,永野修身在征得了陆军和海军的同意后,提出了一个以进驻法属印度支那为主的方案。该方案强调指出:"如果法属印度支那不同意或违抗我方的要求,或者英美各国进行干涉的话,日本将不惜动用一切武力。"这个方案被称为《关于促进对南方的对策问题方案》。

经过日本陆海军将领商议后,《关于促进对南方的对策问题方案》最终被确定下来,该方案的后面附有三个条件:(1)关于进驻法属印度支那,要严格按照本方案行事;(2)由于进驻准备阶段需要耗费不少时间,所以整个过程可分为两个阶段与美国进行谈判,以争取时间;(3)以第一阶段的谈判为导向,拖延美国政府,待第一阶段谈判过后,继续进行第二阶段的谈判,能为日本占领整个法属印度支那赢得足够的时间。

大家一致认为,只要按着这个方案坚决执行,日军占领法属印度支那将不费吹灰之力。一旦占领了法属印度支那,日本就可以得到大量的物资和粮食,对日后的战争有百利而无一害。为了避免美军的阻止,同时也为确保日后万一对美国开战能占据主动,日军加快了研制浅水鱼雷的步伐。在珍珠港,由于美军太平洋舰队的指挥官不希望设置防鱼雷网，这里对鱼雷的防护几乎为零。

6月13日，美国海军部长诺克斯设午宴招待海军作战部部长斯塔克、大西洋舰队司令金和太平洋舰队司令金梅尔等人。席间，金不厌其烦地对大西洋的舰队状况说个没完。等金说完后，金梅尔向海军部的领导汇报了太平洋舰队的具体情况，并和斯塔克进行了长时间的谈话，向其详细地说明了太平洋舰队面临的困难，包括他5月26日备忘录中提到的基本内容。

对于金梅尔谈到的问题，斯塔克没有十分在意，他只是例行公事般地边听边点头，完全没有感受到金梅尔的焦虑与担忧。金梅尔还向斯塔克重点讲述了珍珠港的薄弱环节，他告诉斯塔克，现在的珍珠港不论是舰船实力、储油能力，还是防御设施都非常落后。这些令人担忧的现状极有可能引来日军空袭珍珠港。如果日军真的对珍珠港发动空袭的话，那么珍珠港几乎没有什么防御能力，只能任人"宰割"。

另外，珍珠港单一的出入水道使舰船暴露在潜艇攻击之下，存在着被毁灭的危险。金梅尔认真地对斯塔克说："如果真的有那么一天，珍珠港的太平洋舰队受到任何方式的袭击时，将会是一场无法挽回的灾难，珍珠港连抵抗能力都没有。要知道，如果真的遭遇战争，停泊在珍珠港的军舰至少需要3个小时才能完成出港。这样的情况非常令人担忧。"

斯塔克频频点头，对于金梅尔所说的这些，没有表示反对，也没有表示赞同。金梅尔最后告诉斯塔克，他在考虑了各种情况之后，认为想要保证珍珠港舰队避免受到危险的唯一方法是：战争打响的时候，舰队不在珍珠港内。对于金梅尔的这番话，斯塔克虽然没有完全听进去，但他也隐隐感到珍珠港确实存在着不少防御上的漏洞。

◎ 外交为幌子，实则加紧备战

1941年夏的某一天，在美国国务卿赫尔住所华德门花园公寓的一间密室里，已经进行了60多次的美日两国政府会谈，仍然在毫无生气地进行着。参加会谈的美国代表是国务卿赫尔，日本代表是日本驻美国大使野村吉三郎。谈判进行得很不顺利。当时，在大西洋上，美国护航船队正遭到德国潜艇日益严重的威胁。在远东，日本同荷属东印度（今印度尼西亚）殖民当局之间的谈判一直停滞不前，日本政府竟以召回谈判代表的招数向对方施加压力。这些，都给美日会谈增添了沉闷的气氛。

美日两国争端由来已久。早在19世纪末，日本就开始与美国争夺亚洲和太平洋地区的霸权。第一次世界大战中，日本政府趁西方列强无暇东顾之机，在中国大捞一把，疯狂地进行经济掠夺，并以对德宣战为名，将魔爪伸向青岛、济南等地，霸占了山东全省。日本借机把四面楚歌的德军从太平洋上的一些岛屿赶走，将这些岛屿据为己有。

日本通过外交手段，让自己成为国际联盟常任理事国之一，取得了大国的身份。在这段时间内，日本的势力范围迅速扩大。然而，已经看到了日本的狼子野心并感到对自己利益构成威胁的美英两国在给德国战马套上《凡尔赛和约》的缰绳后，决定联手抑制日本咄咄逼人的势头。

1921年8月，英国、日本、法国、意大利、比利时、荷兰和中国先后接到了参加华盛顿会议的正式邀请，讨论海军裁军问题和远东太平洋问题。当时，日本海军正在推行以8艘战列舰、8艘巡洋舰为基干的"八八舰队"扩军计划。日本政府清楚地知道美英的所谓"远东太平洋问题"是针对自己扩军而来的，但此时的日本无力与美英直接对抗，只得忍气吞声地赴鸿门宴。

1921年11月12日，有"远东的巴黎和会"之称的华盛顿会议正式开幕。美国利用英国在经济上对自己的依赖，在会上频频向英国施压，迫使英国放弃了英日同盟，签订了《四国公约》，并迫使列强正式承认了"门户开放"政策，从而在远东及太平洋地区取得了梦寐以求的霸主地位。相反，日本除丧失了英同盟国外，海军力量的发展也受到严格限制。根据会议通过的《华盛顿限制海军军备条约》的规定，美、英、日三国主力舰吨位的比例分别为5∶5∶3。这对日本人来说是丢面子的事，是套在日本头上的紧箍咒，这是自甲午战争和日俄战争以来遇到的最大挫折，也是日本刻骨铭心的耻辱。

在傲慢的美国人面前，日本人自然不甘心俯首称臣。

从1941年2月到12月，野村吉三郎和赫尔进行了差不多11个月的马拉松式谈判。每次会谈，日美双方都表现得彬彬有礼，实际上暗藏杀机，表面的和平统一掩盖不住实际的貌合神离。日本的侵略野心从未消失，美国心知肚明，当然寸步不让。日本的目的就是阻止美国在欧洲参战，避免美日之间矛盾继续激化，同时还要想尽办法让美国默认日本侵略中国的事实。美国一向视利益为第一，他们不会轻易让日本的阴谋得逞——这场虚伪的外交"盛筵"注定是一笔让双方郁郁失望的空头交易。

日本政府试图通过野村与美国建立亲近友好的外交关系，以此来麻痹美国，拖延时间。野村抵美之初，罗斯福亲自会见了野村，两人畅叙从前的友谊。罗斯福最后告诉野村："美日之间的关系每况愈下，其根源是日本不断进行武力扩张。在太平洋，每个国家都有活动的自由，如果为争夺它而发生战争，对任何一个国家来说都不会有什么好处，只会伤害两国之间的感情。"

野村认真听着罗斯福的谈话，他极为认可，并答应一定尽自己最大的努力缓和日美两国的关系。然而，在野村笑容的背后却是日本的勃勃野心：利用欧洲局势，德国与美国最好先开战，在西方更多地吸引美英力量，日本则加快开展进攻的准备工作。利用美国迫使蒋介石投降，以期有一个坚实的"后盾"，然后南下对美英大开杀戒。罗斯福自然也不是吃素的，他计划在军事上采取"先欧后亚"的战略方针，先在政治上安抚日本，企图牺牲美国在中国乃至荷兰、印度的某些利益，对日本进行暂时的妥协，以换取日本放弃进攻美国属地菲律宾的企图，求得所谓"太平洋上的平静"。

6月22日凌晨，德军出动4900架飞机、6000多门大炮、19个装甲师和134个步兵师，以闪电般的速度攻击了苏联，并初战告捷。这场出人意料的袭击让欧洲战争的进程发生了根本性的变化。日本好战分子证实了这个消息后，高兴得手舞足蹈，他们一致认定不出3个星期，希特勒就能攻占莫斯科，3个月内完全占领苏联。

同一天，德国驻日本大使带着希特勒的训令来到日本政府，希望日本能够出兵西伯利亚，与德军从东西两面夹攻苏联。稍后，苏联驻日大使也慌慌张张地来到日本政府，与日本政府签署《苏日中立条约》，希望日本在这个问题上能够保持中立，不要在此时做出对苏联不利的举动。晚上，日本外交大臣松冈洋右觐见天皇裕仁，强调苏联已是垂死挣扎，他们对日本的威胁荡然无存，日本可以放开手脚攻占亚洲其他国家了。

6月25日，日本天皇裕仁召开紧急御前会议。参加会议的是海陆两方面的参谋总长和内阁诸大臣。在这次会议上，决定进一步派兵进驻法属印度支那南部。如果英国和美国反对，日本即可向其宣战。于是，日本一方面和美国进行着"和平"谈判，另一方面堂而皇之地进行着自己的计划。"和平"谈判对他们来说，只不过是掩盖自己真实意图的一个幌子罢了。

日本天皇裕仁召开紧急御前会议

日本政府几乎在每一次谈判中都坚持其对华政策和"南进"政策不改，想让他们做出让步是非常困难的。而美国政府则一贯坚持掌握着对日本经济上的优势，试图在政治和经济上迫使日本屈服。罗斯福通过对世界形势的分析，公开了美国的立场和态度，宣布废除之前的中立法，又向濒临崩溃的法国暗示给予帮助，接着开始向英国提供武器和贷款。这一切，已表明美国站在了英国一边，参战只是时间问题。然而，鉴于德意日轴心国的强大力量，在某种程度上对美国的参战有所牵制。这样一来，美国就不得不谨慎从事了。

日本想通过谈判让美国置身事外，不参加欧洲战争。站在美国的角度来说，是绝对不可能的。美国在谈判中希望他们一旦参加欧洲战争，日本能够保证采取中立态度，这对日本来说也是绝对不可能的。对美国而言，尽快搞清日本的真实意图，确定日本到底是敌是友，到底如何打算，至关重要。因此，美国的最根本立场是：迫使日本不履行轴心国同盟的义务，关于东亚的一系列问题，只要在不损害美国利益的前提下，可以采取让步。可见，美日会谈的根本取决于日本是否能够抛弃德意日三国同盟，彻底改变在亚洲的政策，而日本几乎是不可能放弃同盟、改变政策的。

如此一来，日美谈判陷入僵局也就在情理之中了。

第三章
战争绑架了一切

美国对日本实施的石油禁运,导致日本国内的石油储备量急剧下降,这就迫使日本为夺取战争资源而急于与美国发生战争。从美国开始停止从东海岸和其他一些港口向日本出口石油的决议执行的那一天开始,除了战争,日本几乎没有选择余地。

◎ 不惜一切手段

日本以"和平"谈判为幌子，暗中却一刻不停地加紧备战。日本政府既然决定向亚洲继续扩张，当然也就做好了与英美开战的一切准备。然而，与英美开战毕竟会耗费大量的兵力和物资。日本希望通过外交手段麻痹美国，所以他们表面上和美国进行外交谈判，其实是最大限度地拖延时间。对苏德战场，日本决定暂不介入，他们认为苏联红军顶不住希特勒装甲部队闪电般的袭击。

其间，日本人向希特勒发去电报，告知其日本政府的立场和动向。然而，令日本人做梦也没有想到的是发给希特勒的绝密电报被美国的魔术译电情报组破解了。这份电报的主要内容如下：（1）不管形势发生怎样的变化，日本绝不放弃创建"大东亚共荣圈"，将亚洲各国收入囊中，以达到亚洲的共同繁荣，为世界的和平尽微薄之力；（2）日本会继续进攻中国，并以自卫为基础，向南方发动进攻。日本人在密电中还透露，日军不会向苏联出兵，而是向英美开战，之后占领法属印度支那、泰国、马来亚、荷属东印度等。对于美国提出的从中国撤军的要求，日本方面断然不能接受。自从日本做出占领法属印度支那的决定后，全国就开始进入了积极的备战阶段，仅征集新兵就达200万人。为严格封锁消息，一切信件和电报，政府都要严格检查。

6月22日，也就是希特勒大举进攻苏联的同一天，日本军令部紧急召开联络座谈会。军事参议官杉山元大将在会上就《关于促进对南方的对策问题方案》做了具体说明。随后，会议通过了原方案，其主要内容如下。

一、鉴于当前的形势，帝国按既定方针对法属印度支那与泰国采取措施，特别联系到派往荷属东印度的谈判代表已经回国，应迅速建立旨在保卫东亚稳定的日本和法属印度支那的军事合作关系。与法属印度支那建立军事合作关系，帝国应把握如下几点：

1. 在法属印度支那特定地区建立并使用空军基地与港口设施，并在其南部驻屯一定兵力。

2. 为帝国军队有关驻军问题提供方便。

二、为实现上述目的开始外交谈判。

三、若法国政府或法属印度支那当局不答应我方要求，则以武力解决之。

四、为解决以上问题，须提前着手派遣军队。

下午4时，日本首相近卫文麿将《关于促进对南方的对策问题方案》上奏天皇裕仁，并获得了批准。之前，虽然外交大臣松冈洋右对这个方案加以阻挠，但还是获得了通过。这个在6月6日开始拟订的方案，虽然明确指出了日本与法属印度支那之间的政治、军事关系，但在最初拟订时，其核心的解决办法是通过外交手段进行，最终修改方案则带有威胁性质，要求法国答应日本在法属印度支那建立和使用空军基地与港口、设施，其重心也从外交转向到了军事。日本试图通过武力威胁，强迫法国答应其要求。

6月26日，日本军令部召开《适应局势变化之帝国国策纲要》讨论会。该纲要拟订于22日。军事参议官杉山元陆军大将首先在讨论会上说明了这份纲要的重要性及拟订它的原因。然后，由内阁成员讨论其可行性。

内阁成员由于对这份纲要的认识角度和对当前形势的判断存在很大差别，讨论变成了激烈的争论。外交大臣松冈洋右主张对苏开战，而塚田则认为应避免与苏联开战。与会人员争论得不可开交。

松冈洋右说："德国统治欧洲是迟早的事情，我们所要做的就是武力进攻苏联，帮助德国尽快占领苏联。"

塚田则说："占领苏联对我们没有半点儿好处，况且德国在进攻苏联的问题上并没有与我们进行商量，而是自己随心所欲地突袭了苏联。希特勒根本就没有把我们放在眼里，我们帮助他尽快占领苏联后，他将会更加瞧不起我们。"

松冈洋右说："我们既然与德国和意大利缔结了同盟，三个国家就是一体的，我们要团结一致抗击英、法、美、苏等国。只有这样，我们才能更快地夺取战争的胜利，而与德国的关系是战争胜利后才需考虑的事。我们现在要做的就是根据三国同盟的条约共同进退，否则结盟还有什么意义？"

塚田说："无论如何进攻苏联都不是明智之举。我们在中国战场已经陷入了持久战,在太平洋上美军又虎视眈眈,如果此时进攻苏联,我们的精力就太分散了。"

松冈洋右说:"这些都不是问题的关键,问题的关键是我们既然与德国结为同盟,就要诚心与之交往。"

塚田说:"诚心固然很重要,但是在关系国家命运的事情面前,诚心应该退居次要位置。"

经过一番激烈争论,仍然没能达成一致意见,于是大家决定第二天继续讨论这个问题。

次日下午,讨论会继续进行。松冈洋右仍然坚持自己的观点,主张以最快的速度进攻苏联。海军方面不同意立即对苏联开战,陆军方面也对立即参战有异议。如此一来,三方面意见始终达不成一致。最后,杉山元决定明天继续开会。

28日下午,讨论会举行第三次会议。虽然这次会议跟前两天一样争论不断,但是陆海军两方面的首脑通过互相让步和妥协最终达成了一致。松冈洋右仍强烈主张对苏联开战,但是由于陆海军双方面达成了一致,他也就不好继续反对了。就这样,《适应局势变化之帝国国策纲要》被最终确定下来,最终结果是:日本放弃进攻苏联,加强南进。为了达到此目的,不惜一切手段,如果英美从中阻挠,将毫不犹豫地向其宣战。

◎ 辞职，近卫玩阴的

6月30日，美国海军作战部部长斯塔克签发了《关于防止鱼雷攻击的设置》的文件。文件中指出，如果日军真的在珍珠港施放鱼雷，那至少水深要达到22.9米，同时鱼雷在水中的航行距离至少是183米。金梅尔和属下经过研究，得出一致结论："珍珠港受到鱼雷攻击可能性几乎为零。"鉴于此，珍珠港所有防止鱼雷的措施没有最终布置妥当。即便在日本偷袭当日，珍珠港仍没有任何防鱼雷装置。造成这种情况的最根本原因是美国低估了日本海军的越洋能力。美国海军一厢情愿地认为对于水深只有12米的珍珠港，日本无论如何也造不出相应的浅水鱼雷。事后，金梅尔在检讨时曾说过这样的话："我们之前对日本的实力有较深的了解，深知他们海、陆、空军的底细，但对于这次战争的结果，相信除我之外，就是海军部的全体人员都对日本取得的这次胜利颇感意外……"

7月2日，日本天皇裕仁召开审议《适应局势变化之帝国国策纲要》的御前会议。这份纲要的通过与否将对日本今后的命运起到关键性作用,所以天皇裕仁犹豫不决。

首相近卫文麿就当前的国际环境和日本所面临的严峻形势做了简单的说明。接着,军事参议官杉山元、海军军令部总长永野修身、外交大臣松冈洋右就相关事务作了具体汇报。对于这些人的汇报,天皇一句也没有听进去,他的目光一直集中在"国策纲要"上。

接着,日本枢密院议长原嘉道在会上谈了自己的一些观点。他认为,对日本而言,德苏战争是一次千载难逢的大好机遇。可是,德军的强悍和苏联的承受力都超乎人们的想象,鹿死谁手现在还很难说。然而,日本一旦对苏联宣战,英美等国肯定不会袖手旁观,会不失时机地向日本宣战。这样一来,日本在侵略中国,与中国进行旷日持久的战争的同时,还要与苏美英三国同时作战,这样的局面对日本是大为不利的,自然不是日本想要看到的。

为了避免后顾之忧,日本只能选择对英美开战。另外,日本攻占法属印度支那,美国决不会袖手旁观,必将从中阻挠。这样一来,与美国发生直接冲突就不可避免了。既然如此,不如将苏联留给德国对付,日本专心与美国作战。日本占领法属印度支那是必然的,如果不发动进攻,就得不到必需的资源;如果发动进攻,势必损害美英各国利益。这些国家虽然看上去并不想与日本发生冲突,但是一旦其利益受到侵犯,绝对不会手软。由此可见,与美国的战争在所难免。另外,如果德国侵苏受挫,闪击战将转变为持久战,这样英美会立即对德开战,以帮助苏联。趁德国占据上风的时候,日本应该立即派兵占领法属印度支那。

原嘉道有理有据的分析令天皇眼前越来越明亮。下午1时30分,天皇裕仁终于下定决心，批准了《适应局势变化之帝国国策纲要》。

7月12日，日本天皇裕仁召开御前会议。会议主要讨论了是否与美国继续谈判的问题，还有就日本驻美大使野村吉三郎在美国的谈判是否应该中止的问题。几位实权派人物进行了审议。

松冈洋右说："赫尔的声明和美国的态度是在侮辱我们，他们将我们的地位和他们的那些保护国与领土相提并论，这显然是对我们的轻视。与美国人继续谈下去，也不会有什么结果，所以我建议直接向美国开战。"

杉山元说："如果站在个人的角度来看，我完全同意松冈君的意见。但是，如果站在军部的立场来看，我们不得不重新审视这件事情。试想，如果对美国开战，那么我们将不得不面临这样一个现状，即在南方要占领法属印度支那，北方又要加强关东军的战备。这就已经使我们很疲惫了，如果与美国闹翻，对我们没有一点儿好处。为此，我认为，在这个时候，我们不能流露出一丝一毫与美国断绝谈判的意思，更不能在此时与他们开战，只能通过谈判为我们争取时间，所以谈判应该继续进行下去。"

永野修身说："不管跟美国战也好，谈也罢，也不管我们对美国采取什么样的措施，美国对我们的态度都不会改变的。美国是一个欺软怕硬的国家，所以我觉得我们采取强硬措施比较好。"

近卫文麿则担心美日关系会因此而破裂，他认为日本不应该完全拒绝谈判，应该既表明自己的态度又对美国提出建议。于是，他让人拟好了一份建议草案。可是，到了下午，松冈洋右却命令只发一份拒绝赫尔声明的训令，对于那份建议草案并没有让人告诉野村。建议草案是近卫文麿亲自授权拟订并传达的，松冈洋右却公然违抗。这样一来，首相与外交大臣之间就不可避免地发生了正面冲突，松冈洋右的强势作风让近卫文麿非常狼狈。

其实，自从近卫文麿内阁第二次组建之初，他的基本方针就非常明确。他企图通过与德国和意大利合作建立"大东亚共荣圈"，加强日本的实力，进而与英美对抗。这一主张贯穿了近卫文麿整个政治生涯。近卫第二次成立内阁不久便制定出《时局处理纲要》，在这份纲要中将"不惜与英美一战"归入最显著的战略方针。后来，随着希特勒在欧洲的肆意践踏和对苏联的开战，日本以陆军为主的军事力量强烈倾向于对苏开战。此时的近卫文麿，不管对外还是对内思维处于一片混乱，他不知道自己下一步该怎么做。同时，松冈洋右对近卫文麿屡有"冒犯"，使得近卫文麿大为恼火。他决定以退为进，用辞职的方式和松冈洋右"同归于尽"。因此，近卫文麿决定现任内阁成员于16日全体辞职。

7月14日，日本向法国维希政府施压，要求他们同意日本和平进驻印度支那北部。首相近卫文麿语气强硬地告诉当时已向德军投降的法国维希政府，日本进攻印度支那已是板上钉钉，法国只需要点点头就可以了。同日，日本政府与法国外交人员会谈。法国方面对此事一直没有做出正面答复。

7月16日，近卫文麿内阁突然对外宣布集体辞职。晚9时，近卫文麿向天皇裕仁递交了辞呈，第二届近卫内阁正式结束。其实，这次近卫内阁集体辞职目的是将同床异梦的人驱赶出去。

7月17日下午，日本天皇裕仁下令近卫文麿重组内阁。

7月18日下午，近卫文麿内阁重新组建完毕，海军大将丰田贞次郎接替松冈洋右担任外交大臣。新内阁组建完成后，丰田贞次郎发给日本驻德大使大岛浩一封电报，向他表明日本信守三国同盟的决心。此外，新成立的近卫内阁还决定，如果到 10 月上旬日本与美国的和谈仍然没有什么进展的话，日本将对美开战。

◎ 战争贩子鼓吹和平

7月19日，日本政府向法国维希政府发出最后通牒，限其24小时内对于日军进驻印度支那南部的问题，必须做出回答。3天后，法国维希政府终于做出让步。这标志着日本迈出了入侵东南亚的第一步。

同一天，美国截获了一份日本驻中国广东总领事于14日发给日本政府的电报。该电报的内容如下："皇军马上要占领法属印度支那南部地区。第一个目的，占领后继续推进，占领法属印度支那全境；第二个目的，如果条件许可，以法属印度支那为基地，快速进行下一步行动。占领法属印度支那后，立刻向荷兰发出最后通牒，然后占领新加坡……我军计划用航空部队和潜艇部队粉碎美国的军事力量。"

7月21日，美国破译了日本外交大臣丰田贞次郎发给日本驻德国大使大岛浩的电报。电报说："本次内阁更迭的目的是为了更好地处理国内问题，并没有其他意思。我们对美国的政策不变，将会继续恪守三国条约。"通过这封电报，美国断定，日本新改组的内阁像之前一样，并没有放弃德意日三国同盟的条约和对法属印度支那的入侵计划。从根本意义上来说，日本的战略方针没有什么改变。

而这时，日美外交谈判仍在华盛顿继续进行。日军如果进攻新加坡，日美外交谈判势必破裂，便要冒日美开战的危险。此时，日本参与最高决策的首脑之间的意见很不一致。大体上分成四种意见：陆军大臣东条英机和海军军令部总长永野修身坚持对美英开战；原外交大臣松冈洋右最初鼓吹对苏开战，接着又见风使舵，极力主张攻占新加坡；日本陆军皇道派领袖荒木贞夫大将各方奔走怂恿对苏开战，主张德日携手夹击苏联；海军大臣及川古志郎大将主张跟美国继续谈判，不要轻易对美宣战。

陆军省、海军省、陆军参谋本部和海军军令部四个单位内的局长、部长、课长们的意见也不完全一致。海军军令部作战部部长福留繁认为，如果发动太平洋战争，仅船舶一项，开战第一年预计要损失140万吨。联合舰队司令山本五十六认为，初战可以胜利，到第二年以后就不敢说肯定有胜利的把握。

东条英机和及川古志郎的意见分歧主要在于4月16日日美会谈中拟议的《两国谅解草案》的第三项，即日本必须遵守国与国之间互不侵犯的原则，从安南（今越南）和中国领土撤出军队。陆军方面坚持不能从中国撤军，海军则含糊其词，骨子里不敢打无把握的仗，认为从中国撤军是应该的，但又碍于面子，不敢明说。

同一天，美国副国务卿韦尔斯约见日本驻美国大使馆的若杉公使。约见中，韦尔斯对若杉直言不讳："种种迹象表明，日本政府将会在近期采取某些行动，某些和平地区将变得不再和平。如果的确属实的话，那日本的所作所为就和野村大使在谈判桌上所说的自相矛盾了……前几天我看到一份重要的情报,说是日本将在最近一段时间武力进攻法属印度支那,这显然违背了美日谈判中维护太平洋和平这一理念。"

若杉假装惊讶:"有这事?这样的报告我怎么没看到?不过话又说回来,即使日本真的对某些地方进行暂时的和平维护的话,对美日两国的谈判也不会产生什么影响,对吧?"

韦尔斯重复道:"这种行为变相地违背了我们两国的谈判精神。"

若杉接着又问:"您所说的这个信息的来源是美国驻日本大使馆吗?"

韦尔斯没有直接回答若杉的话,而是说:"信息绝对是准确的。"

面对若杉的百般狡辩,韦尔斯总算看明白了,日本的战略方针是将矛头对准美国。由此看来,两国之间发生正面冲突是在所难免的了。

7月22日,日军突然在法属印度支那南部强行登陆。

7月23日,美国破译了日本进攻法属印度支那的详细情况,韦尔斯打电话给正在休假的国务卿赫尔,商量如何处理日本驻美大使野村吉三郎提出的会谈要求。

赫尔思索了一下,一字一句说:"日本军国主义对法属印度支那的侵略战争,是日本狂热的法西斯分了对西南太平洋发动全面进攻的最后一个布局。他们在干这些事情的同时,还在与我们进行和平谈判,这是一个多么好的讽刺啊!我认为,美日之间已经失去了继续谈判的基础。"

当天,野村拜访了韦尔斯。野村说:"法属印度支那是在征得法国维希政府同意的情况下和平驻军的。对于此事,希望贵国政府不要断定我们是在发动侵略战争。如果此时美国对日本采取禁运石油等一系列措施的话,我担心由于这会影响了日美两国的关系。另外，我们的新一届内阁同上一届内阁一样，都是致力于世界和平的。我们真诚希望与贵国缔结谅解协定。"

面对虚伪的野村，韦尔斯并没有重复7月21日对日本公使若杉说过的话，而是开门见山地回答："很遗憾，我们认为贵国所做的和所说的完全不一致，这很难让人理解。法国维希政府在法属印度支那问题上做出让步，是屈从于希特勒的淫威。而贵国进一步加强了对法属印度支那的南侵，目的是为了将其当作贵国继续南下的一个基地。"

野村见韦尔斯一语中的，言辞肯定，不禁语塞，寒暄两句，便匆匆告别。野村回到日本大使馆后，连夜给东京发去一份电报。野村在电报中指明了美国的态度，并声称美国方面态度极为强硬，谈判已经陷入僵局。

◎ 惹恼了美国

7月24日，日本政府召开紧急会议。外交大臣丰田贞次郎在会上传达了野村昨天发来的电报："我军南进对美日关系产生不利影响，美国态度瞬间强硬，已与我国走向绝交的边缘。"

接着，与会者对野村的电报发表了各自的看法。虽然看法各异，但大体趋势相同，即美国不会当即对日本采取什么措施。

日本对美国的强硬态度感到惊讶，他们一直认为，美国迫于形势肯定会采取和谈的方式解决一切问题，但美国的态度的瞬间变化表明，他们同时做好了与日本开战的准备。虽然日本朝野上下希望对美国开战，但是他们心里没有十足的把握，还是希望能够通过和谈拖住美国。

这一天，日军参谋本部战争指导班的日记这样写道："虽然野村大使的来电让人惊讶于美国的态度，甚至让人以为美国会对我们采取行动，但我们不那样认为。我们认为美国只是故意做出的强硬态度，其目的是为了吓唬我们，他们不敢在当下对我们采取任何措施,更不敢直接对我们开战。我们要做的就是想方设法拖住他们,争取时间,以便出其不意打他们一个措手不及。"

24日下午,罗斯福召见日本驻美大使野村吉三郎。罗斯福暗示野村,美国将在近期内对日本实行石油禁运,并不无遗憾地告诉野村:"很遗憾,野村先生。很早之前,我们的舆论就强烈呼吁美国政府对贵国实行石油的禁运。然而,本人一直认为,贵国和我们一样,希望能维护太平洋的和平。因此,我们向贵国提供石油是非常必要的。而现在,情况有所改变,太平洋不再太平,贵国军队正在进驻法属印度支那。太平洋不能和平使用,使得我国从太平洋地区获得一些生活必需品变得日益困难起来,而且太平洋地区的安全也无法保障了。在安全都保证不了的情况下,我们再费尽心力对贵国出口石油也就没有什么必要了。"

听了罗斯福的话,野村大吃一惊,他没有想到美国政府这么快、这么坚决地对日本采取了经济制裁。要知道,石油关系着日本的生死存亡,不论关东军还是海军,包括日本广大国民,对石油的依赖都非常强。如果美国真的对日本实施石油禁运,无疑将日本逼上了绝路。

罗斯福继续对野村说:"不过,如果贵国军队取消占领法属印度支那的念头,或者即使已经占领了但同意将军队撤走的话,那我将会向贵国保证,尽力说服中国、荷兰和英国,让他们都承认法属印度支那,像瑞士那样永久地处于中立地位。"

对于罗斯福的提议,野村无权做主,自然不能马上给予答复,只好含糊其词。其实,就野村个人而言,他对这个提议是非常赞同的。然而,他无权做主,他清楚地知道,日本政府无论如何是不会答应这个提议的。他只好匆匆告辞，回到大使馆向东京发了一封电报，将罗斯福的意思向日本政府作了详细的汇报。

野村告退后，美国陆军部长史汀生和财政部长莫根索极力主张对日本实行全面的经济封锁和经济制裁。内政部长伊克斯也建议罗斯福对日本实行经济制裁。他们认为，日本已经猖狂到了让人忍无可忍的地步，如果再不教训一下，它会变本加厉，不将美国放在眼里。

这个时候，罗斯福仍然有些犹豫，经过再三考虑，还是决定不立即对日本实施经济制裁。他虽然下了决心要教训日本，但什么时候以什么形式，最终还没有确定下来。罗斯福不希望由于美国的经济制裁行动导致日本做出报复性的举动。罗斯福一方面密切关注日方的举动，一方面盘算着下一步的目标。他知道，野村回到大使馆后肯定第一时间向东京汇报。罗斯福在等待着日本政府的最终表态。

日本政府收到野村的汇报后，没有将它当回事，料定美国仅仅是在吓唬人而已，不会进行经济制裁，也不会公然与日本发生决裂，因此仍旧毫无顾忌地实施自己的侵略计划。

这一天，法国维希政府拱手让出金兰湾和西贡，将全部法属印度支那送给了日本。

7月26日，日本外务省发表公告，将占领法属印度支那一事通知驻东京的英美两国大使。至此，日本在亚洲除了攻占朝鲜、侵占大片中国领土外，还将法属印度支那（今越南、老挝、柬埔寨三国）地区变成了它的附属国。日本进行的一系列行动与美国破译的密电几乎一致。日本的下一个目标是英属马来西亚和新加坡、荷属东印度（今印度尼西亚）。这表明，日本政府已经在实际行动上向美国、英国、荷兰发起挑战。

同一天,美国总统罗斯福宣布冻结日本在美所有资产,将日本在美国的所有金融和进出口贸易全部掌握在美国政府的手中。从此,美日间的贸易宣告终止。

7月27日,英国和荷兰两国也开始冻结日本的资产,英国废弃日英通商条约,荷兰终止了与日本的石油协议。

7月28日,日本采取报复措施,宣布冻结美英两国在日本的资产。

8月1日,美国宣告全面对日禁运石油。8月间,日本本国的储油量仅能维持日本陆军12个月、海军18个月的供给。这些制裁对日本无疑是沉重的打击。仅就石油来说,日本国民每天的消费量为40万吨,如果得不到及时补充,库存会很快消耗殆尽,军舰和飞机将成为废铁一堆。这样一来,交通运输必然会陷于瘫痪状态。同时,英国、荷兰两国政府也采取了同样的经济制裁措施,英荷两国停止对日本的贸易出口。

美国对日本实施石油禁运后,希望以卡住能源的方式来遏制日本。作为一个岛国,日本资源极度匮乏,世人皆知。20世纪30年代,日本90%的石油需要从国外进口,而这些进口的石油85%来自当时的石油主要输出国美国。日本在偷袭珍珠港之前,已经在亚洲大陆特别是在中国的土地上进行了长达10年的战争(从1931年九一八事变开始),其最重要的目的就是为了夺取亚洲其他国家丰富的自然资源为己所用。日本对亚洲国家的大肆掠夺,侵犯了美国在亚洲的利益。罗斯福受到多方压力,总是在避免与日本在太平洋上发生军事冲突,一旦与日本发生战争,美国将无暇向英法诸国提供援助,所以罗斯福只能在经济上制裁日本。日军1940年入侵法属印度支那北部时,罗斯福就下令禁止对日本出口废铁和钢材，随后又下令禁止向日本出口燃料和润滑油。

与此同时，日本也在思考新的外交模式。首先，在中国东北成立伪满洲国临时政府，实际上控制了中国的东北地区；同时又进一步加强与德国和意大利的关系，使三国之间的关系更加牢固；之后，又主张延长在中国的战争，进一步向亚洲实行侵略。通过亚洲能源的供给，达到能源上的自足。日本一方面继续在亚洲的扩张，一方面又不肯向美国做出让步，这无疑就惹恼了美国，罗斯福和赫尔寸步不让。

美国对日本实施的石油禁运，导致日本国内的石油储备量急剧下降，这就迫使日本为夺取战争资源而急于与美国发生战争。从美国开始停止从东海岸和其他一些港口向日本出口石油的决议执行的那一天开始，除了战争，日本几乎没有选择余地。日本一方面继续向亚洲扩张，入侵马来西亚、荷属东印度等地区，另一方面积极策划，准备在太平洋上向英美开战。罗斯福在禁止对日本出口石油的同时，也冻结了日本在美国的资金。这就使得日本很难像以前那样支付石油所必需的美元。如此一来，日本政府没有任何有效的途径来满足对石油的巨大需求，国内石油储备的急剧下降致使日本政府必须做出与美国交战的决策。

◎ 为偷袭，山本大练兵

美国军方一直在强调太平洋地区的弱势，和拥有 10 艘航空母舰的日本相比，美国太平洋战区只有 3 艘航空母舰。美国政府深知，如果日本的野心得不到满足，日军会采取各种卑劣手段。然而，罗斯福坚持认为，即使日本真的袭击美国，可能会给美国的舰队带来一些危险，但不可能是致命打击，美国完全有能力承受。美国高级官员的看法与罗斯福完全一致，他们认为，美日之间爆发大规模战争是一件遥远的事情，即使不遥远，美国也有实力接受任何挑衅。就算日本进攻荷属东印度和马来西亚，也不会影响到美国本土的安全。

8 月 2 日，英国、美国、荷兰三国进一步冻结日本的资产。日本一再挑战美国的忍耐极限，迫使美国不得不放弃之前的绥靖政策。美国国务卿赫尔不得不承认，太平洋局势随时可能发展成为一个军事问题，而不仅仅是外交问题这么简单。美国陆军部长史汀生曾高兴地写道："他（赫尔）终于拿定了主意,我们绥靖日本的政策已经走到了尽头,对它再也没有什么可说的,除了坚定的政策和武力本身。"

此刻,美国和日本的僵硬关系已经不是通过外交就能解决的。美国人清醒地意识到:要想阻止日本的疯狂举动,只有通过战争,除此别无他法。对于这个问题,美国政府上下官员的看法一致。这种情况下,美日间的开战已难以避免了。

然而,罗斯福还想通过经济制裁促使日本悔悟,他抱着最后一线希望,想在谈判桌上制止日本的疯狂行动。从8月到10月中旬,美国不断地和日本进行谈判。美国实施了经济制裁,还是希望能够维持和平,不到万不得已决不放弃和平。而日本首相近卫文麿既不想放弃日本原有的政策,又不想和美国正面交战。日方虽然没有和谈的诚意,但又希望通过和谈,让美国继续保持中立,继续执行其绥靖政策。

8月6日,日本驻美大使野村递交给美国国务卿赫尔一份协议。协议中说,日本希望对中国的战争结束后从法属印度支那撤军。赫尔冷笑着说:"你们的这份协议确切地说是一份要求,重点是即使贵国从法属印度支那撤兵,也需要我们用5个条件交换:第一,停止西南太平洋的一切军事防卫;第二,恢复通商关系;第三,协助贵国获得各种资源和原料;第四,让我们迫使中国与贵国讲和;第五,撤兵后承认贵国在法属印度支那的特殊地位。很遗憾,我们不能同意任何一条。"

野村碰了一鼻子灰,只好悻悻地离去。

8月10日,日本联合舰队司令山本五十六和参谋源田实站在"长门号"旗舰的左侧甲板上,默默地注视着停泊在佐伯湾海港内的战舰。

"军部什么意见?"山本回头问源田。

"他们还是认为难度太大,尤其是如何把目前这种舰队活动半径下的特遣舰队送到离我国那么远的地方。"

"海上加油训练进行得怎么样了?"

"还在继续,特遣舰队必须在海上加油。从目前的训练来看,还是很乐观的。"源田如实回答。

山本深知,要让军令部那些顽固不化的老家伙们采纳空袭珍珠港的计划,就必须在实际训练中将一件件不可能的事情变成可能。

"长官,我去看过鹿儿岛了,确实和珍珠港非常相似。"源田说。

"很好,一定要抓紧时间。"山本叮嘱道。

为了进行实战训练,山本选择了鹿儿岛港湾作为训练基地。鹿儿岛港,一个位于九州岛南部的军港。山本选中此地的重要原因是它的港口地形与珍珠港非常相似——四面环山,港口狭隘,水深12米。

"实战训练进行得怎么样了?"山本问。

"不太好,任务非常艰巨。为了绝对保密,我们无法向飞行员说明训练的目标,这增加了一定的难度。而且,各种不同类型的飞机,包括高空轰炸机、鱼雷轰炸机、俯冲轰炸机和战斗机必须配合成一支强大的打击力量。另外,几百架飞机还要完美无缺地群体飞行,分成不同的攻击波次。"

山本点了点头:"没错,完成这项困难、复杂任务的时间已经不多了。"

源田说:"我想起一个人,他可以帮我们完成这项任务。"

"谁?"山本以期待的眼神注视着源田。

"我海军军官学校的一个同学,渊田美津雄中佐。他拥有3000小时的飞行经验,是海军航空兵中的顶尖飞行员,还参加过中国战场的作战,成绩斐然。"

源田停了停,接着说:"更重要的是渊田有一种良好的品质,那就是顽强的战斗精神。他还是一名能够理解任何特定情况并迅速做出反应的天才指挥官。他不仅是我们最好的飞行领导人,还是一名优秀的参谋,而奇袭珍珠港的成功取决于这次攻击的飞行领导人的个性和能力。这就是我认为为什么渊田可以担任这项工作的原因。"

山本一边听一边满意地点头,沉吟片刻:"我们就需要这样的人才。这样吧,你上报军令部,把他调过来负责训练。"

◎ 将阴谋玩到极致

8月16日,近卫文麿征得军部的同意,给罗斯福写了封亲笔信:"在当前这个硝烟弥漫的世界上,日本和美国是掌握着国际和平锁钥的最后两个国家。如果我们两国关系继续恶化下去,不仅自身是一个悲剧,还意味着世界文明的坍塌。"近卫文麿假惺惺地表示,日本"渴望维持太平洋的和平",为消除"相互猜疑和误会",排除"第三国的暗算和操纵",希望亲自会见美国总统,以便"坦率地阐明双方的见解"。

近卫文麿无耻地把自己打扮成一位和平天使,似乎世界和平只能靠日美两国首脑来拯救了。他鼓吹日美两国决定世界大势,无非是要美国迎合并适应日本的要求,接受日本亚洲太平洋地区的霸主地位。然而,要想让美国放弃它在亚洲太平洋地区的利益怎么可能!这时,美国已和英国签订《大西洋宪章》,迫使英国就范,接受美国关于世界范围的"机会均等"的要求,美国也看到了苏联举国上下斗志昂扬,能够抵抗希特勒的疯狂钢铁大军,和英苏结盟对它有利，所以才对日本的态度趋向强硬。

美国和英国签订《大西洋宪章》

8月17日，罗斯福在白宫接见了日本驻美大使野村吉三郎。他交给野村两份文件，一份文件是对日本的严重警告，另一份是告诉日本因日军侵占法属印度支那而中断的日美谈判，如果日本抱有诚意的话，可以继续谈下去，但是日本必须停止一切侵略行为及领土扩张的战争。

野村也转交了近卫文麿给罗斯福的来信，希望日美能够维持友好的关系，并说近卫文麿首相希望直接和罗斯福总统会谈。罗斯福想了一下，对野村说："如果日本仍像现在这样继续武力侵略的话，我们之间也就没有什么可谈的了。"

美国以这种方式警告日本止步，否则美国将被迫采取必要的措施。日本见此势头，未敢轻举妄动，为进一步探察美国的意图和虚实，建议恢复谈判。几天后，野村又送来一封近卫文麿给罗斯福的信，内容仍然是希望与罗斯福直接会谈。美国政府认为，日本在谈判中避实就虚，避重就轻，根本没有诚意。如果和他们继续谈下去，只能成为第二次慕尼黑会谈。这样的结果，不是美国想要的。

8月26日，日本陆、海军的部长、局长会议上通过了一项由海军草拟的《帝国国策施行要领》。要领规定，"在不辞对美（英荷）作战的决心下"，"对美英尽量采取外交手段，努力贯彻帝国要求"，在"外交谈判到10月上旬尚未达到我方要求的情况下，立即下定决心对美（英荷）开战"，确定以10月15日为结束谈判的期限。

9月初，山本五十六任命由联合舰队参谋源田实推荐的海军航空兵优秀飞行员渊田美津雄担任第一航空舰队训练总教官，负责飞行员的训练工作。渊田的任务不仅是训练"赤城号"航空母舰所属飞行员，还要训练在4月新组编的第一航空舰队所有航空母舰上的飞行员。

9月3日，日本召开内阁与军方联席会议，就陆、海军军令部共同提出的《帝国国策施行要领》进行审查。

军事参议官杉山元陆军大将在会上说："不能再拖了，我们争取在10月10日前达到我们的外交目的，否则便主动出击。"

海军军令部总长永野修身说："我们再一天天软弱下去，最终将无法支持。虽然我觉得我们有把握打一场胜仗，恐怕随着时间的推移，这个机会将会烟消云散。同我们的情形相反，敌方却逐渐变强，如果战争不可避免，越早打越好。"

日本联合舰队第一航空舰队南云忠一随声附和:"尽管我们相信我们现在能打胜仗,但我担心这种可能性将随着时间的流逝而逐渐消失。"

首相近卫文麿则说:"谈判还是有希望的,最近美国同意我们在支那驻5000人的部队,这就是美国让步妥协的一个信号。我们完全可以继续谈下去,争取更多的利益。"

陆军大臣东条英机厉声责问:"首相阁下,外务省从年初开始谈判,至今已有8个月了,有什么结果?既然你主张和谈,那我们再给你几天时间,10月的头10天是最后期限。到时若再不能达到帝国在大东亚的利益,那就请你辞职。大日本帝国决心要同美、英、荷开战!"

与会者你一言,我一语。7个小时后,会议最终通过了《帝国国策施行要领》,其主要内容是:第一,帝国为了存在和自卫,决心不惜对美发动战争,大体上以10月上旬为限,完成战争准备;第二,帝国在进行前项准备的同时,对英美努力通过外交手段贯彻帝国要求;第三,外交谈判到10月上旬还不能达到我方要求的话,立即对美宣战。

日本军方的作战计划此时已制订完毕,到那时,海军和陆军将分头同时袭击珍珠港和香港、马来西亚与菲律宾。以后,日美双方你来我往又进行过几次试探,都未在谈判问题上取得什么进展,反倒造成了近卫内阁的危机。

9月6日10时,日本天皇裕仁召开御前会议。会议开始气氛就很紧张,与会者感到日本正处在严峻的十字路口。首相近卫文麿、外交大臣丰田贞次郎、企划院总裁铃木、军事参议官杉山元、海军军令部总长永野修身作了大约一个小时的说明。

接着，枢密院议长原嘉道忧心忡忡地做了发言，他强调指出，必须全力以赴通过外交手段打开局面，并措辞尖锐地追问："我总览了一下草案，有这样一种感觉，与其说重点是在外交，不如说重点是在战争。希望明确了解政府和统帅部的意见。"对此，陆海军军令部什么也没有说。

这时，裕仁天皇以平时未曾有过的高亢声音说："我认为原嘉道的质问是对的，军令部为什么不回答？"

大家都为天皇的破例发言吃了一惊，会议的气氛顿时凝固了。

裕仁天皇从上衣口袋里掏出一张纸，不慌不忙地朗诵起来："四海之内皆兄弟，何以起风波。"读完后，他说："我很早以前就曾拜读明治大帝的这首诗了，我要努力继承他爱好和平的精神。"

对于天皇的意思，军令部和内阁装作不知。最后，会议通过了陆海军军令部8月26日制定的《帝国国策施行要领》，决定对美开战。就在日本御前会议决定开战的当晚，首相近卫文麿特地按照美国人所欣赏的"个人外交"的一套，在"极端秘密"的状况下，约请美国大使格鲁举行晚餐会谈。席间，近卫对"赫尔四原则"表示"衷心赞同"，并再一次建议举行首脑会谈，而且保证说，他已经得到陆军和海军的一致支持。届时，当有陆军和海军的高级官员参加。格鲁听了深受感动，立即电告本国政府。但是，让格鲁想不到的是，同样是这个近卫，在几小时前亲手交给御前会议一个内容完全相反的决议案。

第四章 难产的"X"日

东条英机上台后,全面推行战争政策,对与美国人的谈判根本没有诚意,所以此时的谈判完全成为掩护其战争意图的烟幕和争取时间的手段。这样的谈判必定要破裂,只是时间问题。

◎ 高度保密会议

9月14日,日本首相近卫文麿就日美和战问题召开内阁会议。与会者在会议上展开了激烈的争论。

陆军大臣东条英机说:"在谈判中,驻兵问题绝对不能让步。如果想屈服于美国,那就另当别论,否则谈判就没有希望。过了相当长的一段时间后,感觉这样下去不行,这时候才想起开战,那就晚了,所以现在就应该做出决定。"

近卫文麿说:"无论什么时候开战都具有危险性,只是哪种危险性大的问题。如果今天非要做出决定,那我选择继续谈判。"

东条英机说:"这只不过是首相的主观看法,这是难以说服大本营的。驻兵是陆军的生命,绝对不能让步。"

海军大臣及川古志郎随声附和:"说得没错。"

近卫文麿说:"无论如何,我始终选择谈判。如果你们非要发动战争的话,我可不负责任。"

这样一来，近卫内阁意见分歧暴露无遗。当晚，东条英机及部分大臣就叫企划院总裁铃木劝说近卫，要他提出内阁总辞职，还说如果近卫不辞职，军方将发动政变。

9月24日，日本海军军令部作战部部长福留繁和联合舰队参谋长宇垣缠在海军军令部作战课主持召开高度保密的会议，对珍珠港计划进行开诚布公的讨论。参加会议的有联合舰队司令部首席参谋黑岛龟人、佐佐木，联合舰队第一航空舰队参谋长草鹿龙之介、第一航空舰队参谋大石保和源田实，而海军军令部总长永野修身、联合舰队司令山本五十六、联合舰队第一航空舰队司令南云忠一没有出席这次会议。

福留繁首先发言，既不说支持也不说反对山本五十六的作战计划。草鹿龙之介紧接着福留繁发言："从战术上看，这次攻击也许会成功，但在战略上看，成功的机会很小。换句话说，虽然这次攻击可能会使日本得到暂时的优势，我认为它不能带来长远的优势。"草鹿认为，即使是战术上的胜利也取决于能否有效地保守秘密。敌人很可能在特遣舰队从日本到夏威夷的漫长航行中，在任何一点发现并攻击它。草鹿还对东京能否采取使华盛顿从政治上放松警惕的外交步骤表示怀疑。他强调日本必须以"南方作战"为主和为支持这一作战对空军的紧急需要。草鹿龙之介最后说："我不同意这个冒险计划。当然，如果接到命令，第一航空舰队将义无反顾地去执行。"

海军军令部作战部作战课课长富冈定俊完全同意草鹿龙之介的意见，并详细谈了这个计划存在的风险，他坚决反对从生死攸关的向南推进中分兵。作战课的神重德紧跟着自己的领导，列举了攻击夏威夷的有利和不利因素。

有利因素是,一次突然袭击可能成功,因为美国人很难保持所有方向的24小时空中巡逻。如果攻击做到了出其不意,敌人将不再处于发动反击的地位,因而特遣舰队也许得以在相对小的损失情况下逃脱。神重德在阐述不利因素时,用大量的数据证明:海上加油面临着重重困难;仅凭轰炸不可能对敌舰造成最大程度的杀伤;美国人能够在珍珠港的浅水中把被击沉的军舰救起来,并在较短的时期内将它们修复;日本舰队被发现的可能性非常大。

源田实以一个空军专家的身份,向在场的非空军人员解释了轰炸效果问题。他说:"高空鱼雷轰炸机是双重用途飞机,可以根据任务变换机型。如果将它们全部作为鱼雷机使用,很有可能击沉8艘美国战列舰。另外,54架俯冲轰炸机应集中攻击航空母舰,并击沉其中3艘,余下的俯冲轰炸机则攻击瓦胡岛的美军空军基地,消灭其空军力量。如果美国太平洋舰队在拉海纳的话,完全可以用鱼雷机攻击战列舰,不仅拉海纳为袭击者提供了很大的机动空间,而且沉在拉海纳深水里的美国军舰将永久消失。"

源田实还强调,鱼雷机的战术是最有效的,然而他也知道目前为止鱼雷机轰炸试验的结果还不能令人满意,第一航空舰队的飞行员和投弹手正在尽一切努力改进这项技术。鉴于此,他提出了一项替代计划:将鱼雷轰炸机换成高空轰炸机,执行高空轰炸和俯冲轰炸。他估计这种战法至少可以击毁美军2艘战列舰和3艘航空母舰。

接下来是大石保的发言,他和他的长官南云忠一、草鹿龙之介的观点完全一致,他说:"如果敌人的侦察不超过300海里,确定一条航线不难;如果敌人的侦察达到400海里或更远,那就困难了。"他对于驱逐舰的海上加油特别忧虑,这种军舰要到达夏威夷需要进行多次海上加油,而战列舰和航空母舰只需一次，所以他悲观地认为："在北方海面恶劣的条件下，航行和海上加油将更加复杂和困难，所以突袭成功的可能性不会太大。"

佐佐木曾对特遣舰队在中途被敌人发现的可能性进行过长期和全面的研究，于是说："如果我们走南线，我想该放弃这次作战。"他又说："我们不能停留在谈论出其不意的攻击，应该下决心这样做。"

接下来，会议开始讨论 X 日（袭击珍珠港的日子）。在 X 日，第一航空舰队应抵达瓦胡岛以北 200 海里的海域，并准备好参加袭击的飞机。

福留繁说："我认为 X 日定在 11 月 20 日左右比较合适，我们早已失去了战略上出其不意的机会，像德国陆军那种闪电式进攻已不大可能，只能尽力做到战术上的出其不意。"他还认为，尽快确保南方区域和"准备与苏联的最终冲突"是绝对必要的。

X 日的决定取决于第一航空舰队的作战准备情况，参谋长草鹿龙之介清楚舰队存在的问题，于是坦率地说："仅从训练工作本身来看，11 月 20 日发起攻击为时太早。"

草鹿龙之介的话大出联合舰队参谋长宇垣缠的意料。在图上演习结束后不久，联合舰队参谋部一致同意暂定 11 月 21 日（星期五）为攻击日，后来山本五十六经过再三思考，和他的参谋们又倾向于星期日早晨发动攻击，因为星期日会有最大数量的美国军舰停在港内。

按照草鹿龙之介的意见，X 日既不是在图上演习中确定的 11 月 16 日，也不是 11 月 23 日（星期日），而是要推迟到 12 月中旬。

宇垣缠说："从战略上来看，闪电般出其不意地突袭珍珠港，对我们来说至关重要。"

黑岛龟人直到会议快结束时才开始发言，他对反对珍珠港作战的意见非常厌恶，强烈敦促为了保证"南进作战"的成功而采纳山本五十六的计划。

福留繁最后总结道："从政治上看，美国很有可能把太平洋舰队留在珍珠港，不过还有一种可能性，即美国太平洋舰队将返回本土做战斗准备。"他简短总结了突袭夏威夷所涉及的主要问题，并许诺："这些问题将得到军令部的认真研究，以便尽快做出最后的决定。"

在会议结束后，黑岛龟人讥讽源田实光说不练。黑岛回到"长门号"战列舰上向长官山本五十六详细报告了会议情况。山本听了黑岛龟人的话后，大发雷霆："是谁召开的这次愚蠢会议？在这些胡说八道背后是什么意思？是否有人认为没有预先使美国舰队瘫痪我们就能进行'南进作战'？作为联合舰队的司令长官，我要对自己的计划负责！"

◎ 第一航空舰队

日本高层虽然对于山本五十六偷袭珍珠港的作战计划存在重大分歧，但在他极力争取下，针对珍珠港的作战准备一刻也没有放松。山本坚定地认为，他的计划一定能付诸实施。

9月24日，日本军令部第三部部长小川贯玺大佐通过日本驻夏威夷总领事喜多永男给吉川猛夫发来一封电报，要求他把珍珠港水域分为5个部分，报告美国太平洋舰队主要舰艇在水域内的停泊位置。美国夏威夷陆军部所在地沙夫特堡的监听站准确地截获了这封电报，并于9月28日将这封未被破译的电报由轮船送往旧金山，可是当电报送到华盛顿的陆军部时已是10月3日。一周后，美国陆军情报局才将其翻译成英文。这样，从该电报被截收时算起，已经过去了近半个月。由于夏威夷没有紫码破译机，金梅尔和肖特两位将军自然无法及时知道日本人已经准备对太平洋舰队下手了。这份重要的情报被束之高阁。美国陆军情报局远东科科长鲁弗斯·布拉顿上校通过对这份所谓的"炸弹弹着点标示图"的分析研究，认为日本人对珍珠港表现出了非同寻常的兴趣。然而，他的上级认为这是海军的事情，而他的海军同行们则荒唐地把它视作日本人简化通信和降低成本的企图。更为荒唐的是，海军作战部部长斯塔克一直以为太平洋舰队司令官金梅尔了解"魔术"情报。

10月2日，日本联合舰队第一航空舰队司令南云忠一在停泊于有明湾的"加贺号"航空母舰上召集所部军官开会。参加这次会议的包括第一航空舰队的大部分参谋和第二、第五航空战队的司令官及其参谋人员，6艘航空母舰的舰长及其航空参谋，还有一些关键的飞行队长，其中包括渊田美津雄中佐和村田重治少佐。

参加会议的6位航空母舰舰长都是海军大佐，其中3位在霞浦学过航空，他们是"赤城号"的长谷川喜一、"加贺号"的冈田次作和"飞龙号"的加来止南；"苍龙号"的柳本柳作，在日本海军中极富传奇色彩，不抽烟不喝酒，是日本海军中的怪人；另外两位航空母舰舰长是"翔鹤号"的城岛高次和"瑞鹤号"的横川市平。

等这些军官们站好后，南云忠一开始训话，他庄重地说："把你们召来是因为日美开战的时刻，即是突袭珍珠港的时刻。我们一定要尽全力争取成功，一定要注意保密，若走漏半点风声将前功尽弃。不过，如果对一切都保密的话，我们就不能全力投入训练，也不能有效地从事计划训练工作……"

虽然第一航空舰队针对珍珠港的训练已经进行了几个月，许多军官却一直被蒙在鼓里，他们对那些稀奇古怪的训练科目百思不解。直到这时，这些军官们才明白第一航空舰队未来真正的使命，许多人脸上露出了惊讶的神色。

当南云忠一说出作战计划后，许多航空参谋由衷地赞成山本五十六的计划。"瑞鹤号"航空参谋下田久雄认为这个计划虽然包含了很多冒险成分，但它是了不起的。他解释道："仅这一点……就使这次作战更有价值，因为危险越大，美国海军就越料想不到。"

"加贺号"航空参谋佐田尚宏认为一旦开战，珍珠港计划是健全的，也是必要的。他说："年轻军官们士气高昂，他们一定会对这个计划充满激情的。"

"飞龙号"航空参谋天贝隆久曾想到战争一开始日本海军会进攻美国舰队，但他没有想到珍珠港。当听到这个计划时，他的高兴胜于吃惊："终于拨开了云层，人人都知道了这个核心机密。在即将到来的进攻中，尽自己最大的努力应当成为每一位在场军官的誓言。"

航空母舰的舰长们也表现出了同样的热情。"飞龙号"舰长加来止南认为这项计划是历史上最伟大的奇袭作战，每个人必须全力以赴以保证突袭获得成功。

第一航空舰队参谋长草鹿龙之介在南云忠一讲话后，强调："此次作战的成功取决于鱼雷轰炸机的攻击。"

随后，第一航空舰队参谋源田实解释了突袭珍珠港的作战计划，他借助瓦胡岛和珍珠港的模型，指出攻击的各基地和各军舰的位置，把不同的目标分给不同的飞行队，着重强调了专业化。比如，负责对军舰进行俯冲轰炸的飞行队，应把训练集中在这项专业任务上，不能把时间浪费在其他地方。

会议进行了两小时。第一航空舰队在通向珍珠港的路上又走过了一个里程碑。这次会议不仅扩大了知情者的圈子，而且赋予第一航空舰队中起关键作用的军官们一种使命感、方向感和紧迫感。

日本联合舰队司令山本五十六在了解到第一航空舰队的热情和积极进行的计划工作时，非常高兴。然而，他更加关心的是反对意见。他知道，即便是南云忠一和草鹿龙之介这些与他关系最密切的高级将领，目前仍然没有消除内心的疑虑，这些人仅仅是屈从于自己高居于上的意志和权威，不得不加紧进行作战准备。

◎ 激怒山本五十六

10月3日,日本联合舰队第一航空舰队参谋长草鹿龙之介和第十一航空舰队参谋长大西泷次郎登上"陆奥号"战列舰,向山本五十六当面陈述反对意见。草鹿一直负责完善山本提出的夏威夷作战计划,他越来越觉得这个计划实在是太冒险了。大西很早就认识山本,两人是很好的朋友,他深知山本是一位不达目的誓不罢休的人,于是硬着头皮对山本说:"我坚决反对这个计划,无论如何我是不会同意的。"

草鹿随声附和道:"是的,这项计划风险太大了。"

山本体谅地拍拍大西的肩膀,让勤务兵给两人倒了一杯水,让他们平息一下内心的焦躁。大西喝了口水,缓缓地说:"菲律宾的敌航空兵力不断得到增强,仅第十一航空舰队的现有兵力是不行的。我想请求派第一航空舰队去参加菲律宾上空的歼灭战。因此,我觉得应该再考虑一下夏威夷作战的问题。"

山本仔细听着，没有发表任何意见，他转头对身边的参谋说："佐佐木，你有什么意见？"

佐佐木说："根据军令部掌握的情报，菲律宾的敌航空兵力大约有170架飞机，其中战斗机75架。按照联合舰队的作战计划，用第十一航空舰队的兵力解决菲律宾战役是没有什么大问题的。"

草鹿激动地说："实施夏威夷作战，就如跳进敌人的口袋里。我认为关系到国家兴亡的第一仗，不应该冒这么大的风险。"

山本脸色一沉："草鹿君，不管我多么喜欢打桥牌，也不能说那是投机性的！"

草鹿一时性急，腾地站了起来，大声对山本说："将军，你的计划就是投机性的，完全是投机！"

草鹿的怒斥超越了上下级应有的界限。山本勃然大怒，一拍桌子，直起身子，愤然地对草鹿说："我已下定决心，绝对不会改变！"

山本的怒火让草鹿的头脑一下子清醒了，他明白自己失礼了，于是低下头，双手撑膝，诚恳地说："对不起，将军，失礼了，请原谅。"

大西仍然难消心头的疑惑，他质疑道："可是，司令长官，这毕竟还是投机性的……"

山本语重心长地对大西和草鹿说："你们的疑虑我能理解，但是在进行南方作战时，如果美国舰队从东面空袭我们本土怎么办？难道为了占领南方资源地区就可以让东京和大阪化为焦土吗？……总之，只要我是联合舰队司令长官，就要果断地进行夏威夷作战。当然，我想你们两个航空舰队都有许多过重的负担和困难，不过我还是希望你们本着夏威夷作战非进行不可的想法积极准备。"

话已至此，草鹿和大西知道山本的决心是不可动摇的。对山本早先就已心悦诚服的大西，终于赞同了山本的意见。他以说服的口吻对草鹿说："草鹿君，我们还是好好地干吧！"

草鹿最后也发誓："遵照司令长官的旨意全力以赴！"

说完，二人便离开了司令长官办公室。

当草鹿离开"陆奥号"战列舰时，深谙用人之道的山本破格将他送到船舷旁的扶梯前，并拍着他的肩膀亲切地说："你说的我完全理解，不过突袭珍珠港是我坚定不移的信念。希望草鹿君今后不要再唱反调了，要努力去实现我的信念。为了进行夏威夷作战，我将不遗余力满足你的要求。"

草鹿激动地说："将军，我明白了，从今往后决不再唱反调，并全力以赴实现您的信念。"

至此，在山本的劝说下，联合舰队内部基本形成了一致的意见。

10月12日，日本军政首脑召开会议。会上，陆军大臣东条英机坚持不改变9月6日的决定。海军大臣及川古志郎态度暧昧，表示开战与否应由首相决定，如开战则越早越好。首相近卫文麿和外交大臣丰田贞次郎则主张再拖延一下。

近卫认为，日美谈判的最大症结是中国的驻兵问题，他建议："此际舍名而取实，表面上同意美国提议，实际上同样得到驻兵的结果，这样不是更好吗？"

东条说："驻兵问题是陆军的生命，不能让步！"他杀气腾腾地嚎叫着，"与其继续举行毫无意义的谈判坐视时机溜走，不如马上行动！"

经过一番激烈争吵，仍然没有吵出什么结果。这说明日本统治集团在决定开战的最后时刻，内心仍然虚弱，所以才分歧不断。日本统治集团内部尽管称霸亚洲和太平洋的目标一致，但对形势的估计和双方力量对比的判断却分歧严重。

东条英机等人认为，日美在太平洋的实力对比不相上下，日本的羽毛已经丰满，且时局对日本非常有利，没有必要再拖延下去。优柔寡断的近卫文麿顾虑重重。在这种情况下，日本军部感到近卫这张牌已经失去了应有的作用，因此决定将其甩掉，并定下了倒阁的决心。

与此同时，美国和日本的新闻界发布了3艘日本航船驶往美国的时间表："龙田丸号"航船10月15日由横滨港起航，绕道檀香山，于10月30日抵达旧金山；"冰川丸号"航船10月20日由横滨港起航，于11月1日抵达西雅图；"大洋丸号"航船10月22日由横滨港起航，于11月1日抵达檀香山。

美国政府之所以如此"大度"，主要是希望通过"让步"缓和陷入僵局的谈判，缓解美日两国的紧张局势。利用这一机会，日本的间谍混入航船，对袭击珍珠港所经过的航线及夏威夷的情报进行了秘密侦察。日本联合舰队司令山本五十六希望间谍人员能够通过这次机会亲自沿未来进攻夏威夷的航线进行详细勘察，并对珍珠港的美军舰只作一个汇总，这样才能清楚地知道珍珠港内的各种情况，有利于开展下一步行动。

为此，日本海军军令部挑选出具有丰富经验和良好专业技能的军官组成一个特工小组，混入航船，沿途对珍珠港进行侦察。这个特工小组的负责人是前岛寿英海军中佐，他是一个资深情报员，又是潜水艇专家。日本军令部非常信任前岛寿英，放心地让他去领导这次"特别任务"。这个特工小组除了组长前岛寿英外,还包括他的助手松尾敬宇和铃木英两人。松尾敬宇的任务是探明微型潜艇是否有潜入珍珠港的可能性,铃木英的任务是记录珍珠港美军舰队的真实数据。

◎ 战争魔鬼上台

10月13日,日本首相近卫文麿将在日美谈判中由美国提出的"停止南进建议"提交御前会议讨论。会议刚开始,东条英机就十分冲动地喊道:"根本没有必要继续谈判。"

刚接替松冈洋右出任外相的丰田贞次郎海军大将说:"谈判已经进行好几个月了,现在突然改变方针,这怎么行呢?"

近卫文麿说:"美国人还是有一定诚意的,我们答应从中国撤军的让步,美国非常满意。美国政府允诺在东亚地区承认我们大日本帝国的利益,只要我们放弃南进,美国将取消对我们的武器与物资禁运。"

东条坚决反对:"让我们从中国全面撤军,办不到!在中国的秩序恢复前,我们决不能完全撤军。战争的目标没有达成就先撤军,这与我们大日本皇军的尊严极不相称。对于撤军,我们决不让步!"他把脸转向近卫说:"首相阁下,最后的期限已经到了,难道让帝国撤军就是你们谈判的结果吗?我看你是该辞职了。"

东条坚决反对继续谈判,主张对美英宣战,攻占荷属东印度。会后,军部的一些法西斯分子狂妄叫嚣要推翻近卫内阁,和美国决一死战。

在这场对峙中,近卫感到自己无法再继续任职,他主张的和谈只不过是一厢情愿。为此,他向天皇裕仁提出辞职。他的辞职申请当即就获得了批准。内务大臣木户幸一等人提名东条英机任首相。经过各派力量间的较量,日本天皇最终决定由东条英机组阁。至此,东条终于如愿以偿,日本法西斯政权得到进一步强化。

东条英机

东条英机,日本军国主义和法西斯主义的代表性人物,1884年12月30日出生于岩手县的一个武士家庭。历任大政翼赞会总裁、陆军大臣,是昭和天皇裕仁最忠诚和最愚鲁的手下。他长于行动,短于思考,在关东军因独断专行、凶狠残暴有"剃刀将军"之称。日本第一兵家石原莞尔因其才智有限，直呼其为上等兵东条。在其出任陆军大臣和内阁首相期间（1941年10月18日—1944年7月22日），发动了太平洋战争，疯狂侵略、践踏东南亚和太平洋十多个国家和地区。1944年，他因指挥无能被解除一切职务，1945年日本战败后自杀未遂。在中国东北，他大开杀戒。据他自己后来说，用刺刀砍杀中国老百姓"不费举手之劳，缚鸡之力"。东条是参与策划卢沟桥事变的主要战犯之一，是中国人民的死敌。1948年12月23日，作为日本罪行最大的战犯，东条英机被远东国际军事法庭处以绞刑。

13日下午，日本新任首相东条英机召开内阁紧急会议。海军军令部总长永野修身和军令部参谋总长杉山元分别就日本海军的态势作了分析，并对陆军进驻法属印度支那进行了说明。接着，各内阁成员之间展开讨论。

永野修身说："现在是10月，我们要尽快讨论出具体方案。美国已经对我们进行了石油禁运，我们1小时要消耗400吨石油。事情紧急，大家讨论出一个更好的办法才是。"

杉山元说："我们研究商讨的结果应该尽快予以公布，不能再把时间浪费在这些事情上了，要尽快做出决定。"

东条英机说："对于政府要做的事情，我心里非常清楚，希望今天的讨论能站在一个新的立场看待所有问题。"

会议列举了11项需要讨论的内容：（1）对欧洲战局的估计；（2）对同美、英、荷作战初期和几年内情况的估计；（3）因今秋对南方开战而引起的与北方有关的问题；（4）对在同美、英、荷作战中征用船只的数量及其消耗的估计；（5）对主要物资供应的估计；（6）对由于同美、英、荷作战而引起的预算规模和金融方面持久性的判断;(7)和德国、意大利合作的程度;(8)美、英、荷三国是否可以分化的问题;(9)如果明年3月开战,有关对外关系的利弊、物资供应的估计、作战方面的利弊问题;(10)对继续同美国谈判能否在短期内实现9月6日御前会议所决定的我方"最低限度要求"的估计;(11)同美、英、荷作战给中国重庆方面带来的影响。

这次讨论是东条英机根据裕仁天皇"努力向和平发展"的指示进行的。对此,与会者很多人对东条英机非常不满,因为在他做首相前,对美国开战的决心世人皆知,如今做了首相却事事按天皇裕仁的旨意行事,感觉越来越没有骨气了。然而,东条英机比任何人清楚,天皇裕仁所谓的"和平"只是一个幌子。在有十足的把握前,天皇心中仍然存在着一丝犹豫,他之所以作"和平发展"的指示,其目的是让以东条英机为首的内阁加紧备战,为战争的胜利做最充分的准备。在东条英机紧锣密鼓地加紧准备的同时,日本的谍报人员在加紧收集有关珍珠港的一切资料。

10月18日,东条英机正式组阁,东乡茂德出任外交大臣。东条兼任首相、陆军大臣、内务大臣三职,后来又兼任参谋总长一职。同时,东条还派来栖三郎为"和平特使"赴美协助驻美大使野村吉三郎进行谈判。东条命来栖在中国撤军问题上大做文章,目的是拖住美国为日本发动战争赢得时间和突然性。

东条英机上台后,全面推行战争政策,对与美国人的谈判根本没有诚意,所以此时的谈判完全成为掩护其战争意图的烟幕和争取时间的手段。这样的谈判必定要破裂,只是时间问题。从10月23日起,东条英机连续9天召开政府与大本营联络会议,围绕何时对美开战及谈判期限问题进行了激烈的讨论。直至11月2日凌晨1时30分,日本高层才最后取得一致。

◎ 日本特工在行动

10月18日，黑岛龟人大佐受联合舰队司令山本五十六派遣到海军军令部面见作战课课长富冈定俊大佐，阐明实施夏威夷作战计划的理由。富冈坚决不同意动用全部6艘航空母舰，而且对夏威夷作战计划也不同意。这时，黑岛拿出了他的"王牌"："山本五十六大将坚持认为他的计划应该被采纳。将军授权我声明，如果计划不被批准，联合舰队司令长官将不再对帝国的安全负责。如果真是这样的话，他没有别的办法，只有辞职，他的参谋人员也都将辞职。"

黑岛的话犹如晴天霹雳，富冈目瞪口呆地望着山本的这位首席参谋，这一威胁所蕴含的问题已经超出了他的职权范围。他说："我们必须去见作战部部长福留繁将军。"

当福留繁意识到山本五十六的决心不可动摇后，他中止了与黑岛的进一步谈话，并将其带到海军军令部总长永野修身的办公室。永野听完黑岛的汇报后，无奈地表示："既然山本司令官如此执着地坚持他的计划，那就按他的要求做吧。"

永野最终还是批准了山本的夏威夷作战计划。这样，受到重重阻力的夏威夷作战计划终于被纳入海军军令部的作战计划中。

10月21日，日军珍珠港战役特工小组在"大洋丸号"客船出发前举行了最后一次秘密会议。特工小组成员铃木英在会上拿到一份任务表，受命不惜一切代价完成任务，并保护好这份任务表。特工小组组长前岛寿英及其成员各有分工，但一致的任务是：密切注视太平洋航线上所有美军舰艇的动向，因为他们乘坐的"大洋丸号"将沿着日本联合舰队第一航空舰队将来要走的航线做一次近似实战的试航。

特工小组成员被告知，他们这次执行任务时还要对中途岛前面的关键区域仔细观察。如果"大洋丸号"在哪个地方发现了美国的巡逻机就说明那个地区不安全，那么将来在发动战争的时候，日本联合舰队就会考虑绕开这个区域。另外，他们需要注意的另一个重要地区，即瓦胡岛西北海域，尤其要对坐落在瓦胡岛上的珍珠港进行非常仔细的勘察。他们必须查明是否有将来可能发现日本特遣舰队行踪的美国飞机和舰船。除了这些任务，前岛寿英等人还需要对沿途海域的气象进行观测，记录具体的天气情况，特别是对瓦胡岛周围的舰艇停泊情况做一个详细的记录。

在"大洋丸号"航船名单中，没有特工小组组长前岛寿英及其助手铃木英的名字。铃木英的身份是轮船的事务长助理，而前岛寿英的身份是一名船医。为了做到万无一失，前岛寿英还在临行前学习了一些医护常识。小组的另一名成员松尾敬宇则混在旅客的中间。

10月22日，日本"大洋丸号"客船开始由横滨起航。"大洋丸号"严格执行无线电静默。在整个航行期间，前岛寿英、铃木英和松尾敬宇滞留在甲板上。三人在甲板上悠闲地踱着步子，趴在栏杆上观看着波涛翻滚的大海，不时用高倍望远镜看向远处的天空。他们只不过是以悠闲作表象，暗中却正在执行任务。他们将每一个地点的气象情况默默记下来。夜深人静时，铃木英还要躲在舱里撰写一份有关风速、风向、能见度、船只摇摆颠簸度以及海面情况的报告。晚上，3名特工人员轮流进行观察。观察中要特别警惕，避免被人察觉。尽管这项工作单调乏味，但因这样做对袭击珍珠港的成败举足轻重，所以他们从不忽略细微之处。

10月23日，日本一艘"龙田丸号"客船于15日从横滨起航到达夏威夷群岛的檀香山港。日本军令部中岛凑少佐化装成工作人员混在这艘船上。"龙田丸号"到达檀香山港后，当日本驻夏威夷总领事喜多永男上船探望时，中岛凑从桌子下面拿出一个纸捻，悄悄塞给喜多永男，说："我是军令部的中岛少佐，请你务必将这个交给吉川少尉，请他明天离港前来这里一趟，我有重要的事向他交代。"

日本间谍吉川猛夫接到信息后，打开纸捻，只见上面用铅笔写满了字，是日本军令部的一封密信，里面密密麻麻地提了91个问题，让他将侦测到的美国舰队的信息加以详细说明。

当天晚上，吉川猛夫将他近7个月收集到的重要情报汇总后，对军部所提的问题一一做了详细的回答。这些问题中许多是极为重要的，对战争将起到决定性的作用。对几个非常重要的问题，吉川猛夫回答如下。

军令部问："最关键的问题是，美军通常星期几在珍珠港停泊的军舰最多？"

吉川猛夫答："星期日。"

军令部问："每天日出和日落时，美军有多少架大型水上飞机从珍珠港起飞进行巡逻？"

吉川猛夫答："每天日出和日落时，美军都会派出约10架飞机进行巡逻飞行。"

军令部问："美国的航空基地设在什么地方？"

吉川猛夫答："我绘制了一张地形图，美国的航空基地就设在地图上标有希卡姆机场和惠勒机场的位置。"

军令部问："珍珠港的入口处，是否设有防潜水艇网？"

吉川猛夫答："有，不过防潜水艇网的具体类型等详细情况，目前还没有探测清楚。"

军令部问："美军停泊在珍珠港内的舰艇是否已经做好了物资补给和出航的准备？"

吉川猛夫答："只进行过一些一般性的物资补给，战舰并没有做好任何战斗准备。"

军令部问："美军舰队是否每周都出港？他们驶向什么方向？执行什么任务？航空母舰的情况如何？"

吉川猛夫答："大体上每个星期舰队都会出港，具体情况不明。"

10月24日，吉川猛夫将答复日本军令部提出的91个问题和收集到的资料整理好，偷偷地交给日本驻夏威夷总领事喜多永男。喜多永男将情报藏在腰带里，并非常认真地对吉川说："放心吧，我一定会将这份重要情报亲手交给军令部相关负责人。"

吉川猛夫收集的情报为日本联合舰队更加深入全面了解珍珠港提供了珍贵的参考资料。然而，这些所谓的"真实"情况，距离达到保证珍珠港作战必胜的要求仍然相差甚远。吉川尽管向日本海军情报部门提供了大量真实的情报，但是山本五十六大将仍然对这些"情报"的真实性表示怀疑。

随着日本联合舰队袭击珍珠港日期的迫近，日军决定加强对珍珠港的侦察。于是，日本政府指示驻美大使野村，可以适当在谈判中做些让步，让美国将紧闭的"大门"打开一道缝。于是，野村在与美国的谈判中，无论口气方面还是日本立场方面都做出了想要让步的姿态。这样一来，美国终于将紧闭的"大门"拉开了一道缝儿，他们允许日本3艘客船从日本到美国航行，但不允许船上装载货物。这样，日本的间谍便有了可乘之机。

◎ 山本的密令

  11月1日黎明前,当日本"大洋丸号"客船行驶到瓦胡岛以北195海里处的水域时,日本特工人员铃木英发现了一架美国巡逻机,他在观察日记中写道:"瓦胡岛以北195海里处,发现美军巡逻机。"当"大洋丸号"驶抵瓦胡岛以北约260海里处的水域时,铃木英等间谍又发现了一个美国战机编队,并且这个编队向"大洋丸号"实施了佯攻。铃木英等人不动声色,他们知道这只不过是美军在进行试探罢了,他们是不会对载满普通客人的航船进行攻击的。果然,美军的飞机编队围着"大洋丸号"转了几圈后便飞走了。铃木英草草记录道:"瓦胡岛以北260海里处,发现美军飞机编队。"

  8时30分,日本"大洋丸号"客船准时驶入夏威夷群岛的檀香山港口。这一天是星期六,与后来日本袭击珍珠港的时间几乎相同。这一切并不是巧合,而是日本军部精心安排的。"大洋丸号"刚一靠岸,日军驻夏威夷总领事喜多永男就来到船上。铃木英等间谍秘密与喜多永男接上了头,并告诉他日本海军目前最关心的一系列问题。喜多永男将这些问题一一记了下来后，便悄悄地离开了。4天后的傍晚，日本"大洋丸号"离开檀香山回国。在"大洋丸号"客船返航过程中，美国派出了一艘警卫舰进行监控，然而美军无论如何也没有想到就在眼前的这艘客船里，装载着有关珍珠港的所有"秘密"。

11月3日，日本海军经过反复的争论，在联合舰队司令山本五十六的一再坚持之下，偷袭珍珠港的作战计划终于得到日本内阁和大本营的批准。同一天，山本奉命来到海军军令部，与总长永野修身进一步商讨了对美开战的事宜，商定12月上旬的某天（倾向于8日）为开战日。次日晚，山本回到停泊在佐伯湾的"长门号"旗舰上。

11月5日，日本天皇裕仁召开御前会议。会议审议和修改了《帝国国策施行要领》。该《要领》指出："日本为扭转目前危局……建立大东亚新秩序，现在决心对美英荷开战，发动武装进攻的时间定为12月初，陆、海军应完成所有作战准备；如在12月1日0时以前对美谈判取得成功，即中止发动武装攻击。"

其实，所谓"中止发动武装攻击"完全是一句空话，日军参谋本部的骨干分子曾露骨地说："12月初要发动战争，今后和美国谈判只不过是伪装外交。"这次会议还制定了对美谈判最后方案的甲、乙两案。

甲方案指出："日本答应美国关于对中国贸易无差别原则的要求，如果全世界都能普遍施行这一原则的话，日本可以从法属印度支那撤军，但要在解决'中国事变'、确定远东和平之后；日中签订和约后的两年内，除华北、内蒙、海南岛仍须继续驻军外，可以从中国开始撤军，但必须确保日本的安全。关于三国同盟问题，日本参战与否由日本自行决定，但方案未做日本不攻击美国的保证。"

乙方案是甲方案不能成立时的代替方案。这个方案完全没有触及三国同盟、从中国撤军以及贸易无差别等问题，只约定日本从法属印度支那南部撤军，如果"中国事变"得到解决或太平洋地区取得"公正"和平，就可以从法属印度支那撤军。这种让步的条件是："美国不得干预日中和谈，要逼蒋介石投降，恢复资产冻结以前的日美贸易关系，对日本供应石油，协助日本取得荷属东印度的资源。"也就是说，日本独吞中国，称霸西太平洋，而美国必须源源不断地向它供应作战物资。

根据日本御前会议的决定，外交大臣东乡茂德电告日本驻美大使野村吉三郎，要他首先提出日本的甲方案，如美国拒绝接受，再提出作为最后方案的乙方案。同时，还加派了谈判特使来栖三郎协助野村谈判。

同一天，山本五十六命令部队进行战前最后一次大规模演习。演习结束后，参谋源田实不无得意地问山本："长官，这回您总该满意了吧？"

山本满意地点了点头："还可以，基本符合要求，相信你们能够完成此次任务。"

当天上午，山本接到了海军军令部总长永野修身奉日本天皇裕仁之旨发来的《大本营海军部第1号命令》：

兹命令山本联合舰队司令长官：

1.我大日本帝国为自存自卫，已决定于12月上旬同美国、英国及荷兰开战。在此之前，要分别做好各种作战准备工作。

2.联合舰队司令长官要根据海军具体作战需要实施准备。

3. 有关具体事宜，由军令部总长分别下达指示。

山本接到命令后，心花怒放，当天即向所属部队下达了内容更为详细的《联合舰队第 1 号作战密令》。密令要求各部队"按本命令附件中所规定的方案实施"，做好战前一切准备工作。

山本联合舰队的第 1 号作战密令不仅是日本海军部队的战术命令，还是一份长远的战略计划。命令第一部分提出了日本将征服和占领的军事目标，第二部分提出有关巩固和防御反袭击的措施。总之，日本扩张领土的野心要求它在太平洋几乎所有的角落同时采取行动，甚至包括苏联东部沿海各省。从来没有一个国家，制订过范围如此之广的作战计划。战后，在回忆这条作战命令时，海军军令部一位参谋深有感触地说："这个作战命令达到了日本扩张主义的顶峰。"

根据海军部的指示，山本五十六命令联合舰队各部队进行作战准备的同时，向南云忠一海军中将率领的空袭珍珠港的机动部队下达了密令："机动部队务必极为隐蔽地于 11 月 22 日前在单冠湾集结，并加油完毕。"

这一天，日本外务省致驻美大使野村吉三郎的指示被美国的情报机构"魔术"破译了：做出最后的努力进行谈判，如果谈判失败，太平洋局势将处于动荡的边缘。

美国驻日大使约瑟夫·格鲁再次提醒国务院：日本"将不惜一切代价，以免受经济封锁的影响，而不向外国压力屈服"；这轮谈判的失败将导致一场"全力以赴的殊死斗争"。

11 月 7 日，日本驻美大使野村吉三郎向美国国务卿赫尔递交了谈判方案的甲方案。一周后，赫尔明确拒绝了这个方案。

同一天，美国白宫召开例会。总统罗斯福问赫尔："在这个时刻，你有什么想法？"赫尔做了近15分钟的发言，他对当前的国际形势做了分析，又报告了与日本的会谈情况。他最后指出："现在的情况很不乐观，我不知道日本具体什么时候对我国进行军事打击，所以我们必须做好战斗准备。"

罗斯福一一询问其他人的意见，所有与会官员几乎都同意赫尔对当前形势的分析。罗斯福做了最后发言，他肯定了赫尔对形势的判断，又令所有官员做好最坏的打算和最好的准备。

这一天，山本五十六发布了联合舰队第2号作战密令："开始进行第一阶段作战准备。'Y'日定为12月8日。"这个"Y"日指的是开战的大概日期。

11月10日，山本五十六发布联合舰队第3号作战密令："X日为12月8日。""X"指的是最终确定的开战日。

同一天，在九州各航空基地从事训练的偷袭珍珠港部队各飞行队全部返回各自航空母舰后，第一航空舰队所属的"赤城号""加贺号""苍龙号""飞龙号""翔鹤号"和"瑞鹤号"共6艘航空母舰，以山本五十六直接统率的战列舰部队为假想敌，连续进行了3次空袭珍珠港的近似实战的演习。

11月11日，美国海军部长诺克斯向民众发表演讲："我们不仅在大西洋面临着必须采取自卫手段的局面，而且在世界的另一地区太平洋也面临着同样严峻的局面，我们必须和在大西洋一样迅速做好防御准备。"

同一天，美国副国务卿韦尔斯向民众提出警告："不论在东太平洋还是在欧洲，征服的浪潮波涛汹涌，将要袭击我们的海岸。我国正面临着远比1917年更为严重的危机，或许在什么时候我们将被迫参加战争。"

这一天，罗斯福命令送传"魔术情报"的人员以后再破译日本情报的时候，不要仅仅拿电报上的重点上报政府，要将全文一起上报。美国政府通过"魔术情报"的破译，对日本的真实意图了解得越来越清楚，然而这并没有引起他们足够的重视。

第五章 向偷袭目标集结

第一航空舰队官兵接到通知,允许大家洗个澡,干干净净、痛痛快快地上战场杀敌。此外,各舰艇分别举行了规模较小的宴会,预祝突袭成功,顺利凯旋。每一艘航空母舰上,飞行员们也在参加决战之前同精心保养飞机和武器的机械师、报务员以及朋友聚在一起,举行临别前的宴会。

◎ 集结，战死美国人

11月13日下午，日本联合舰队司令山本五十六在山口县岩国航空队召开了最后一次作战会议。参加会议的有各战舰的司令、参谋长和首席参谋。

山本发表了激动人心的讲话，他在讲话中表示自己会亲临现场指挥，同时也表明了他对此次战争必胜的决心和信心。山本最后说："各位，帝国的希望就寄托在你们身上了，此战不论成功与否，大日本帝国和天皇陛下都会将各位铭记于心。我热切盼望着你们的凯旋……如果在我们开战之前，华盛顿那边进行的谈判达成一致意见的话，那么我们即使处于开战的前一天，即使下一秒就要出发，我们也要将部队撤回，返回驻地。"

对山本最后说的话，有的指挥官很不理解，他们抱怨道："这样的要求是非常没有道理的，我们耗费了这么多的精力和时间，箭已上弦，岂有不发之理？""这个要求不合理。""是啊，我们已经进入阵地，怎么能停止作战行动呢？""这将让我们陷入被动挨打的境地。"

听了属下的这些话，山本严厉地指责道："任何一个国家的军队，其最真正也是最根本的目的，是维护和平。没有人喜欢打仗，如果我刚才说的话，哪位指挥官不能执行的话，现在就请他提交辞呈！"

会场顿时鸦雀无声，与会指挥官坐在那里，一言不发。联合舰队参谋长宇垣缠在当天的日记中写道："司令官的话真是妙不可言，充分体现了山本将军出发前内心的真实状态。"

"很好，各位都是大日本帝国的骄傲，都知道誓死效忠天皇陛下的指示。"山本停顿了一下，接着说，"我要求准备参加突袭珍珠港的所有舰艇必须卸下与作战没有直接关系的一切东西，如易燃物品、个人物品等。"

会议结束后，各舰队的司令官写下了各自的希望并表达了奋勇向前的决心。接下来，大家一起返回岩国深川饭店，在那里设宴招待参加会议的军官。

宴会上，大家再一次表达了决心，发誓与美国决一死战，即便血染沙场也在所不辞。悲壮的场面，令山本五十六感动不已，他默默地祈祷着日本舰队的胜利。

为了掩人耳目，山本五十六指示所属部队制造了鹿儿岛仍有大批飞机在训练的假象。如果本来在不分昼夜地进行飞行训练的400多架飞机突然消失的话，必然逃不过美国间谍的耳目。因此，原驻扎在九州的第十二航空队部分飞机到来之后，便不断发布假信号和通报，以防敌人窃听。

11月16日，代号为"木户部队"的日本联合舰队突击编队开始向单冠湾集结。"木户部队"各舰队实行严格的无线电静默，并采取不同航线，以不规则的时间间隔，分批驶向单冠湾。

11月17日，日本联合舰队的"长门号"战列舰在没有护航的情况下从岩国驶往佐伯湾。联合舰队司令山本五十六越来越强烈地预感到战争的迫近，他为了给即将进行珍珠港海战的将士们一些鼓励，访问了机动部队所在的"赤城号"航空母舰（笔者注：山本五十六曾担任过"赤城号"舰长）。

下午3时，山本五十六及其随行人员登上特混舰队的旗舰"赤城号"，100多位各级指挥官和参谋人员早早就在飞行甲板上列队等候。山本深情地环视着这群立刻就要踏上征程的部下，他们像他的亲人一般，是那么亲切可爱，这些人马上就要踏上漫漫征程，心中百感交集。山本为舰上的每个人整理了一下军容，并对这些官兵进行了如下训话：

即将到来的战争一旦打响，我们要做的就是对远在珍珠港的美国太平洋舰队发动闪电般毁灭性的打击，将它们彻底摧毁。这次进攻成功与否，将直接影响到我们整个战争的命运。所以，这次突袭一定要排除所有困难，在美国人没有反应过来的情况下，出其不意地进行毁灭性的攻击。此次作战计划正是基于这种思路制订出来的。

不过，我们千万不要低估美军的实力，他们的司令金梅尔将军是一位深谋远虑的优秀指挥官。他极有可能做好了对付我们的准备，也就是说他们很有可能采取了严密的防御措施，这对我们的战斗力将是一个相当大的考验。我们千万不能掉以轻心，要有充分的思想准备，以昂扬的斗志迎接这场前所未有的硬仗。

我相信大家，一定不负所望，最终取得辉煌的胜利！

听着老舰长慷慨激昂的训话，"赤城号"航空母舰上即将出征的将士个个热血沸腾，紧握双拳，额头上的青筋随着脉搏的加快突突地跳动。人人下定决心，牢牢地将山本五十六的指示铭记于心，忠贞不渝，为了胜利慷慨赴死。

站在训话的山本旁边的联合舰队参谋长宇垣缠在当天的日记中写道："司令长官发表的训话充满激情又情意绵绵，令所有人为之动容。虽然有些将士对司令官的讲话感到惊讶，却依然对即将开始的大战抱有百倍的信心。每一名海军将士都已下定决心，打算用一腔热血和生命尽忠报国，就算血染大洋，亦在所不辞。"

山本训话结束后，走到"赤城号"航母飞行队队长渊田美津雄中佐面前，与他亲切握手。两人互相注视着，一言不发。山本以一种信赖和鼓励的目光注视着眼前的爱将，而渊田则用一种坚定和必胜的眼神回报长官的知遇之恩。

与此同时，特种潜艇特别攻击队的军官正在海军俱乐部的一个房间里进行着出征前的最后一次特别会议。山本五十六派有马参加了这次特别会议。有马向特别攻击队指挥官佐佐半九传达了山本五十六的指示："这种特殊的潜艇没有必要一定进驻珍珠港，特种潜艇队的主要任务是营救士兵。在这方面，我们一定要做到万无一失。"佐佐半九当即表决心，并让有马将他的决心转达给山本五十六，一定不辱使命。日本海军将士的这种决心和对战争必胜的信心对军队的士气是一种极大的鼓励。

11月18日，日本"赤城号"航空母舰、第二航空战队的"苍龙号"和"飞龙号"航空母舰、第八战队的"利根号"和"筑摩号"巡洋舰分别离开了所在地佐伯湾，向位于千岛群岛的集结地驶去。此后，其他舰船一艘艘驶出港口，有的沿海岸行驶，有的在离海岸线100海里外的海面上行驶。

◎ 第一次说出珍珠港

11月19日，日本联合舰队特别攻击队的5艘潜艇沿着四国和九州之间的丰后水道悄悄南下，向着珍珠港附近指定的地点进发。为了做到更为隐秘，攻击珍珠港的部队将出发时间和出发日期打乱，分批次向集结地点进发。日军"加贺号"航空母舰收到了新近研制成功的浅水鱼雷后，也驶出了佐世保港。

当日本联合舰队所有参加珍珠港海战的舰艇陆续向着单冠湾集结的时候，日本军令部给联合舰队发去一份作战密电，这份密电的暗语是"攀登富士山"。根据这份电报的指示精神，日本机动作战队决定于1941年11月26日从单冠湾出击，发起夏威夷战争。这份电报还有一个附加条件，即根据国际形势的变化，如果与美国之间的谈判取得成功，作战部队就要立即返回驻地。另外，在日本驻美大使野村吉三郎将日本"最后的方案"提交给美国国务卿赫尔的时候，日本政府又给他发送了一封名为"风向暗号"的电报。电报暗示野村，日美一旦开战，电报接发遭到破坏的时候，可以收听东京电台每日向海外播放的"天气预报"。这种"天气预报"也给美国带来强烈的预示，即日本已经做好了同美国、英国、苏联断绝外交的准备。比如，暗语"东风，有雨"，暗示日美之间的关系发生了危险；暗语"西风，晴"，暗示日英之间的关系发生了危险；暗语"北风，阴"，则暗示日苏之间的关系发生了危险。

这份密电于11月28日被美国人破译，从此以后，美国破译部门对日本的"天气预报"格外留心。自从日本驻美大使馆收到政府发送的"天气预报"后，便知日美之间的关系将会越来越紧张，他们也都做好了各种准备。

针对这种情况，美国方面也做出了反应，他们尽量在拖延时间，以便做好最充分的准备。于是，美国给日本提出了一系列"优惠"的条件：（1）即日起向日本供应少量的石油和大米，上述物资的供应量以后将逐步增加；（2）美国出面调停，以促使中国政府与日本之间就当前问题进行会谈；（3）日本保证不再武力扩张，即使美国真的参加欧洲战争，日本也不要对美宣战。

美国人提出的条件固然诱人，但是赫尔担心如果日本不上钩的话，必将招致英国、中国等同盟国的误会，那可就得不偿失了。因此，赫尔在公布这些对日"优惠"前，先召集英国、中国、荷兰等国的代表进行了商讨，并告诉他们美国这么做的目的是为了最大程度地拖延时间，以便做更加周全的准备。

11月21日，日本大本营海军部发布了《大本营海军部第5号命令》。

兹命令山本联合舰队司令长官：

1. 为遂行作战，命令必要的部队及时开赴指定海域。

2. 在开往作战地途中，如遇美英荷军挑衅，联合舰队司令长官有权以武力自卫。

3. 有关具体事宜，由军令部总长下达指示。

11月22日，美国破译了一封日本外交大臣东乡茂德发给日本驻美大使野村吉三郎和谈判特使来栖三郎的电报。电报说："希望竭力贯彻既定方针，对实现我方所希望的解决办法全力以赴，我们有着种种你们猜测不到的理由，要求你们在25日以前解决日本关西问题，假如得以实现，于29日签字，并完成互换必要的备忘录，取得英国和荷兰的谅解，我们决定等到那一天。这次我们真的已经下定决心，这个期限不能再变更了，超过这个期限的话，事情就会自动爆发。总之，如果在29日前不能与美国达成协议，我们将彻底改变策略，终止谈判。以上情况仅限两位使者知道，希望你们了解这些后，加倍努力。"

这一天，美日双方外交官继续进行会谈。当美国国务卿赫尔看到日本驻美大使野村吉三郎和谈判特使来栖三郎满面笑容、一副得意扬扬的神态后，他知道两国谈判可能要就此终止了。这两位日本外交官表面上笑容满面、态度谦恭又十分亲热，其实一眼就能看出他们在撒谎。事后，赫尔在回忆起这次会谈的情景时说："通过截获的电报，我已经事先知道了日本的险恶阴谋，并且也知道他们已收到同样内容的情报，所以我很难顺着他们的意思谈下去，因为我实在是太气愤了。两人行礼后便恭恭敬敬地坐下来，野村不时发出笑声，来栖时而笑得合不拢嘴。他们此时一定在想，如果美国不答应日本的要求，那么日本政府在几天内就会发动新的侵略，而这迟早会给美国带来战争。"

11月23日，日军联合舰队第一航空舰队司令南云忠一率领的30艘军舰在单冠港集结完毕。单冠港位于千岛群岛最大的岛屿择捉岛的东岸中部，是一个被雾气笼罩的荒无人烟的小港，非常隐蔽。择捉岛（北方四岛之一）位于千岛群岛北端国后岛水道的对面，形状狭长，从东北向西南延伸，东西全长203公里。

9时，南云忠一召集第一航空舰队各级指挥官、参谋人员和驱逐舰舰长在"赤城号"航空母舰上进行训话，并下达了第1号、第2号和第3号作战命令。在这次会议上，大家一起商量了有关作战事宜，又对原计划的各点反复推敲，一直商议到下午4点。这是南云忠一第一次向全体指挥官和参谋们透露此次进攻的目标——珍珠港。

会后，第一航空舰队各舰艇指挥官分别向官兵们传达了奇袭珍珠港的作战计划。经过几个月艰苦训练却一直蒙在鼓里的作战人员此时才恍然大悟，尤其是飞行人员，当得知平时艰苦而奇怪的训练是为了奇袭珍珠港时，狂热地叫了起来。

13时30分，日本第一航空舰队第二潜艇队的3艘潜艇最后驶入港内。至此，由南云忠一率领的以6艘航空母舰为基干的30艘军舰全部抵达，并集结完毕。

至此，南云忠一集结在单冠湾的舰艇如下：

航空母舰"苍龙号""飞龙号""翔鹤号""瑞鹤号""赤城号""加贺号"，6艘；高速战列舰"雾岛号""比睿号"，2艘；重型巡洋舰"利根号""筑摩号"，2艘；轻型巡洋舰"阿武隈号"，1艘；驱逐舰"谷风号""浦风号""滨风号""矶风号""不知火号""霞号""霰号""阳炎号""秋云号"，9艘；潜艇"伊-19

号""伊–21号""伊–23号",3艘;加油舰"极东丸号""健洋丸号""国洋丸号""神国丸号""东邦丸号""东荣丸号""日本丸号",7艘。根据军令部要求,为加强戒备而从大凑警备府派来的海防舰"国后号"和补给船只也都进入单冠湾。这些气势磅礴的战舰随时等待着出发,准备完成自己的使命。

这么多舰船只进入择捉,使该岛居民惶恐不安,更令他们恐惧的是,随着舰队的进驻,从11月20日起以演习为名切断了择捉岛与岛外的联系,包括岛上的交通和一切对外的通信。这种与外界切断一切联系的举动一直持续到12月8日偷袭珍珠港那天。更有甚者,在机动部队隐蔽在该港期间,大量警备军舰和飞机一直在岛的周围和东部海面戒备。这些只是日本海军为了保守作战意图乘敌不备而发动攻击的一部分措施。

◎ 战争袭来,美国人仍无头绪

11月24日,日本联合舰队第一航空舰队司令南云忠一召集飞行员在"赤城号"航空母舰上进行训话。他对在座的飞行员们提出了进一步的要求和勉励,在整个航行过程中,几乎每天都对突袭计划进行细节上的修正。很多高级军官甚至晚上都是和衣而睡,片刻不离作战舱室,抓紧时间对突袭计划进行一遍又一遍的推敲和研究。

南云忠一训话结束后,刚从夏威夷实地视察回来、随"比睿号"战列舰到达单冠湾的军令部特工铃木英少佐,便在瓦胡岛的模型面前对整个珍珠港的情况做了说明。这具被放置在"赤城号"航空母舰上的模型,是前些时候专为训练机组人员而制作的。铃木英说:

第一,美国太平洋舰队的舰艇每逢星期一出港,最迟星期六回港,仍然按照以前的方式训练。

第二，大型舰艇的停泊地都在瓦胡岛附近，战列舰成双并排靠在一起。内侧的战列舰必须用飞机空袭，外侧的战列舰必须用鱼雷攻击。

第三，关于航空母舰的具体位置不明，但在夏威夷水域附近已确定有二三艘。

第四，珍珠港港口没有敷设水雷，它四周应该装备有完备的防潜艇网。

第五，飞行训练除星期六下午和星期日外，都十分活跃。

第六，好像没有出动飞机进行大规模空中巡逻。

第七，11月7日在希卡姆航空基地大飞机库上空发现两个直径4.5米的黄色气球和1个深绿色的固定气球，除此之外没有看到阻塞气球。

第八，瓦胡岛早晨群山之巅多半为云层覆盖，中午以前天气十分晴朗，下午却有一点残云。附近气象情况是少雨，所以飞行方面没有困难。

以上八条，就是我对珍珠港情况的说明。

铃木英说完后，飞行员们根据他提供的消息，对珍珠港内的美国军舰做了一番分析，对原计划做了一些改动。他们在会场热烈的气氛下讨论着如何更好地击中美国军舰，不时传来阵阵笑声。

此时，日本航空母舰上的"零"式飞机整装待命，甚至螺旋桨都随时转到启动位置。为了让飞行员在必要时能一跃而入，座舱罩全部打开，保持着高度警戒。飞行员们常常集中在飞行甲板上，要么切磋技艺，要么凝视远处海拔1680米高的单冠山。

与此同时，美国国务卿赫尔立即接见了日本驻美大使野村吉三郎和谈判特使来栖三郎。赫尔打算通过谈话，摸清日本方面是否有可能做出让步。然而，野村和来栖三郎没有透露一点儿这方面的信息，而美国截获到的其他情报令赫尔大失所望。他知道，即使此刻美国政府在某些原则问题上做些让步，也不会有什么结果的。

同一天，美国截获一封日本电报。该电报称，11月29日这个最后的期限以东京时间为准。国务卿赫尔觉得"这是悬挂在我们头顶上的达摩克利斯之剑，而且是附有定时装置的"。

通过这份破译的电报加上22日那份，让赫尔完全领悟了日本政府的战争决心，他知道事态的严重性，便立即将截获的两份密电抄报罗斯福总统。此时，罗斯福更加清楚地知道了日本政府的真正想法，意识到战争极有可能爆发，他仍然指示赫尔必须尽力进行和谈，因此赫尔为了争取更多时间试图在谈判破裂之前做最后的努力。

这一天，中国驻美大使胡适向美国国务卿赫尔递交了一份中国外交部的照会。照会说，中国国民政府对日美协议案中美国打算以中国作代价纵容日本的反应相当强烈。赫尔看过照会后，对胡适说："我们当然可以否决日本提出的方案，但是如果这样做万一日本向南面采取军事行动，可别指责美国不向印度支那邻近地区和日本领海派出舰队。"

当晚，罗斯福致电丘吉尔。电报的最后写道："我对当前的形势不抱什么希望。我们必须对付一场货真价实的战争，也许近日内就会爆发。"这几句话是罗斯福在赫尔起草的电文中加进去的。由此可见，美国也已经对谈判不抱任何希望了，并且对日本即将发动的战争有了强烈的预感。

11月25日，日本联合舰队司令山本五十六从广岛湾的联合舰队旗舰"长门号"战列舰上向偷袭珍珠港的部队指挥官南云忠一发出绝密作战命令："你部务必于11月26日自单冠湾出发，一定要保持行动的隐蔽性，12月3日傍晚进入待机海域并加油完毕。"

这一天，罗斯福在白宫召开最高军事会议。参加会议的只有5个人：国务卿赫尔、陆军部部长史汀生、海军部部长诺克斯、陆军参谋总长马歇尔和海军作战部部长斯塔克。会议主要讨论的内容是如何面对来自日本的紧迫压力和当前的危急时刻。

赫尔就当前日美的紧张关系率先发言："同日本达成协议的希望几乎为零，原先以为还能继续进行的那轮日美会谈，现在已彻底无望。日本随时有可能以武力对我们发动突然袭击。保卫我们国家的安全本来是陆海军的事，但是在这里，我还是想不客气地建议几位军事首脑，日本很有可能对我们发动突然袭击，并且有可能同时在几个地方一起发动战争。"

赫尔说完后，罗斯福面色凝重地指出："我们应该知道，日本人素以不宣而战臭名昭著，因此我们有可能在12月1日前后遭到攻击。"史汀生认为，当前最主要的问题是美国要在不太危险的情况下迫使日本先放第一枪，但这是一个难题。经过讨论，大家一致决定加强战争准备，随时迎接即将到来的战争。

最高军事会议一直到下午1点30分才宣告结束。散会后，史汀生刚回到办公室便收到了陆军情报部送来的一份重要电报："日本陆军大批部队正从上海乘船南下，前往台湾南部。"看了这份情报后，史汀生当即打电话把这一情报告知罗斯福和赫尔。史汀生打电话的时间是11月25日下午4点30分，而这个时间恰好与日军第一航空舰队从单冠湾向珍珠港出发的时间相同。

罗斯福获知史汀生的情报后大为气愤："这个情报说明，日本政府一面想就中国全面撤兵问题进行谈判，一面又把从中国撤出来的兵力派往法属印度支那。日本人如此背信弃义，实在是太气人了。"

最高军事会议结束后，海军作战部部长斯塔克心情沉重，因为日美只要开战，最主要的自然是海上战争，海军责任重大。于是，斯塔克给太平洋舰队司令金梅尔写去一封信，在信中对于日本即将要采取的行动做了如下估计："今天的会议上，总统和国务卿对太平洋的严峻形势表示了密切关注，他们对日军随时采取突然袭击不感到惊讶。对此，有人认为，日本有可能进攻菲律宾，而我也认为这种可能性很大。我认为，日本很有可能对泰国、法属印度支那和缅甸采取行动。"

鉴于此，美国的注意力完全集中在了南方。而就在这次会议结束后4小时，东京时间11月26日清晨6时30分，南云忠一指挥的庞大舰队正从单冠湾起航，直扑北方的珍珠港。这是美国人做梦也没有想到的。

美国国务卿赫尔对日本驻美大使野村吉三郎和谈判特使来栖三郎说，美国政府也不同意日本政府提出的谈判乙方案。同时，赫尔交给日方一份《美日协定基本纲要（草案）》，其中包括4点口头声明和10点备忘录，即所谓的"赫尔备忘录"。其要点是：

为了签订新的贸易协定和解冻资产，特提出以下交换条件：美日两国同意遵守美国历来主张的各项原则，两国倡议一切与远东有关的国家签订互不侵犯条约；美、日、英、中、荷缔结互不侵犯条约，日本从中国和法属印度支那撤出一切军队和警察力量；日本不承认汪精卫政府和"满洲国"；日本放弃《德意日三国同盟条约》。在日本接受上述方案后，日本的资产将被解冻，互相实行最惠国待遇，签订贸易协定，稳定美元与日元的兑换率。

在美日外交谈判的同时，日本继续对法属印度支那发动侵略战争，这让美国国务卿赫尔大为恼火，他在谈判中要求日本完全撤出中国，否则谈判就没有必要继续下去。与此同时，美国的无线电接收人员一直在截取日本的机密电报，密切关注着日本的一举一动。然而，他们仍然不知道日本会在什么时间、采取什么样的战争措施。

◎ 起航，隐秘的利剑行动

11月27日，日本政府经过讨论断定："赫尔备忘录"是对日本的最后通牒；日本不能接受"赫尔备忘录"；美国已下决心同日本打仗。

11月28日，日本政府电告驻美大使野村吉三郎："'赫尔备忘录'是美国对我国的无理建议，我们断然不能以此为谈判基础。我方对这个建议的答复，两三天内会通知大使先生。谈判可能因此破裂，但不要给美方留下中止谈判的印象。"

11月29日，日本外交部致电日本驻伦敦、中国香港、新加坡、马尼拉的大使馆，要求它们"停止使用密码机并将其销毁"。然而，该电报被美国情报部门截获。

11月30日，日本外交大臣东乡茂德致电驻德大使大岛浩，指示其会晤希特勒和里宾特洛甫，向他们说明当前的形势。电报说："日美谈判已处于决裂状态，你极秘密地告诉希特勒和里宾特洛甫，我们同英美之间存在着突然爆发战争的可能,开战日期也许比想象的来得更早,战争的步伐越走越近。"
然而,该电报又被美国情报部门截获。其实,就在美国提出"赫尔备忘录"
的同一天,日本偷袭珍珠港的舰队已经秘密起航。

日本偷袭珍珠港的舰队

同一天,英国首相丘吉尔致电美国总统罗斯福:

我认为,还有一种重要方法可以避免我们两国与日本发生战争,这就是秘密或公开(哪种方式好,你来定)宣布日本采取的任何进一步的侵略行动都将马上导致严重的后果。你在宪法方面的难处,我深为了解。然而,如果不公平正直地把进一步的侵略行动产生的后果明白无误地告诉日本,就让它因侵略行动而陷入战祸,这将是多么可悲的一件事啊。我请求你考虑你认为适当的时候(这个时候也许很近),可否提示日本,任何进一步的侵略都将使你不得不在国会上提出最严厉的建议。大意如此，具体你可斟酌行事。我们肯定会发表类似的宣言，或发表一个联合宣言。总之，我们正在做出与贵国同时采取行动的安排。

我亲爱的朋友，请原谅我冒昧请求你采取这样的措施，但是我深信这样做可以改变当下的一切不利局势，防止战争进一步扩大。

12月1日，日本海军大臣吉川古志郎和海军军令部总长永野修身驱车来到皇宫，向天皇裕仁汇报偷袭珍珠港的日期。他们说，12月8日是夏威夷时间12月7日，这天正好是星期日，美国太平洋舰队的大部分舰艇停泊在港内，以便让舰上官兵安心度过周末。这将有利于我们实施突袭。

永野奏请天皇裕仁钦定12月8日为"X"日（即开战日）。天皇对海军充满了信心，于是果断地批准了作战计划，也同时批准将12月8日定为"X"日。

这样看来，日本军部显然是发动太平洋战争的罪魁祸首，但天皇裕仁也难辞其咎。第二次世界大战结束后，天皇裕仁曾说："我在我的权力范围内尽了努力，但无济于事，最终我们还是进入了战争，这是很遗憾的。"他还说："一个立宪制国家的君主不能任意自由地表达自己的意见，否则就是破坏宪法。对于送交我批准的决议，即使我认为它不可取，也会批准。"裕仁这些话显然是为自己开脱罪责。

日本外交大臣东乡茂德致电驻美大使野村吉三郎说："11月29日这一最终期限已经过去，形势日益恶化。为了不使美国产生过多疑虑，我们已指示报界做如下报道：'虽然日美之间在部分问题上存在着不小的分歧，但谈判仍在继续进行。'"同时电报还指出:"若需要销毁密码机,望同海军武官处取得联系,使用他们那里备有的化学药品。"

日本为了以防万一早在1941年夏天就从东京把用于销毁密码机(包括大使馆内的密码机)和存放军事机密的保险柜所需的工具秘密运到了驻华盛顿的海军武官处。由东京目黑海军技术研究所特地研制出来的这些工具包括一座耐高温的炉子(直径约20厘米,高约30厘米)、可熔解金属片的铝热剂粉,以及可供导火用的引线。把需要销毁的机器拆开后,将其零件,特别是那些需要保密的部件放进炉子里,点燃铝热剂粉后即可全部熔解。然而,该电报还是被美国情报部门截获了。

12月2日,日本统帅部大本营和政府联席会议召开。会议讨论了在什么时间、用什么方式将宣战书递交给美国政府,以便既做到符合国际惯例的先宣后战,又在战略上达成最好的突然性。

17时30分,日本第一航空舰队司令南云忠一收到联合舰队司令山本五十六以密码电报发来的命令:"联合舰队作战电令第10号"niitakayamanobore——1208。"这是一份密码电报,意思是"按原计划12月8日发起攻击",这也就是山本最后确定的"X"日。

日本大本营确定12月8日为开战日,基于以下几点考虑:(1)这一天是夏威夷时间12月7日,正好是星期天,可以利用美国舰队休息时放松警惕实施突然袭击;(2)这一天是日军在马来亚登陆的日子,两者可互相配合;(3)这一天是满月后三四天的下弦月,天亮前有月光,便于部队拂晓时行动;(4)美国舰队通常在周末从训练区返回珍珠港,根据情报推测,星期天早晨太平洋舰队停在珍珠港的可能性最大。综合上述条件,日本大本营决定将12

月8日定为成败攸关的"X"日。

从12月2日以后,东京连续不断地向机动部队发报,通报夏威夷方面的敌情。这种情报叫"A"情报,它详细说明进出珍珠港的美国舰队的动向。遗憾的是,这些情报到达南云忠一手里时,已过去两三天,虽然可以了解两天以前的敌情,但对最近两天内的敌情变化则一无所知。当然,它对机动部队判断当前的敌情还是有一定帮助的。南云忠一的旗舰"赤城号"航空母舰在航行中收到联合舰队司令官山本五十六发来的一封电报训示:"帝国兴废,在此一战,我军将士务须全力奋战!"

这份电示,立刻被传达给参战的全体人员。随后,"赤城号"上升起了日军的战旗"Z"字旗。狂热的战争激情令全体舰员热血沸腾。

这一天,英国首相丘吉尔致电外交大臣艾登:

> 我们的政策是不先于美国采取行动。除非日本想夺取克拉地峡,美国直接面临日本的新一次的侵略,我们还是有一些时间的。美国一旦行动,我们就立即行动,给予支持。假如美国不采取行动,我们则需要重新考虑自己的立场。……
>
> 日本会随时袭击荷兰属地。美日谈判之后,这将是对美国的直接冒犯。我们应当告诉荷兰人,我们不会阻止这次日本侵略产生的任何影响。日本的侵略行动,对美国来说,乃是他们之间的问题。美国一旦对日本宣战,我们将在一小时内对日宣战。如果经过相当时期后看出美国即使有我们的直接支持还不想采取任何行动,我们纵然独自支撑,也应与荷兰人通力协作。

12月3日,美国情报机构"魔术行动"小组破译了日本外务省致驻夏威夷总领事喜多永男的电报。这份电报要求喜多永男每天汇报珍珠港内的军舰进出情况,以及珍珠港上空是否有阻塞气球防护网、水中是否有防鱼雷网等情况。对于这种情报如果不加特别分析,没有特别的警惕性,情报人员很难意识到日本海军的真正目标所在,因为"魔术"同时发现日本对菲律宾、美国西海岸和巴拿马也有着同样的兴趣。

◎ 造假象，三千水兵游东京

12月5日清晨，东京驶来一列来自横须贺的列车。车停靠在月台旁后，从车上走出500名来自横须贺海军水雷学校的实习生。这些朝气蓬勃的青年人都是日本军国主义培养出来的热血青年。这些水兵实习生衣帽整齐，帽子上的标志已由原来的"海军水雷学校"换成了"大日本帝国海军"的字样。这些实习生们列好队，在教官重政义大尉的带领下，浩浩荡荡向皇宫前的广场走去。

来到广场后，水兵实习生们和同样戴有"大日本帝国海军"字样帽子的500名炮兵实习生会合，这些炮兵实习生由教官民藏大尉率领。合并在一起的实习生1000余人列队在二重桥广场参拜了日本皇宫。随后，这些实习生按各自预先设定的路线进行参观。水雷学校的实习生参拜完明治神宫和靖国神社后，对战争的决心和信心大大增强。

日本军国主义者培养的这些"爱国青年"都在为理想和帝国的荣誉等待

着机会。他们这次是以"假"兵的身份来参观东京的,但他们深信不久的将来会成为真兵,在战场上厮杀。他们渴望着将自己的热血洒在大日本帝国的军旗上,让日本的军旗飘扬在世界各国的上空。这些朝气蓬勃的年轻人唯一的梦想就是为帝国效力,为天皇效忠。在他们心中,日本永远都是正确的、强大的,日本军国主义者所做的一切决定、一切事情都是正义的。他们要为"正义"而战,为"真理"而战。他们年轻的身体里流淌的是军国主义好战分子的血液。为了国家的"荣誉",这些年轻人将自己的生命交给了国家。日本军国主义好战分子将扭曲的世界观、人生观,毫无保留地传到了下一代年轻人身上。

实习生们上午参观完皇宫和靖国神社后,下午开始自由活动。由于他们中的大多数人都是第一次来东京,因此对这里充满好奇和向往。自由活动开始后,他们涌入东京闹市区,三人一群、五人一伙地在东京最繁华的银座大街上悠闲地转来转去,感受着首都文化和经济的巨大魅力。银座大街人行道上突然出现了许多身穿鲜艳蓝色制服、脚裹绑腿的水兵,这一景象引起过路人的纷纷围观。市民们不明白为什么路上会突然出现这么多水兵。

许多市民远远地看着这些年轻的士兵们,不知道他们来东京做什么。看着这些年轻人的悠闲样子,市民们感到非常轻松。在国际形势如此紧张的时刻,军人居然还有时间来集体参观东京,可见日本是这个世界上仅存的最和平、稳定的国家了。市民们大都怀着这样的想法,所以大家沉浸在喜悦和自豪之中。

这一天,奉命偷袭珍珠港的日本空中部队进行了最后一次预演。这次预演的总指挥是山口多闻。预演开始前,山口多闻发表了讲话,告诉这些参加预演的飞行员,让他们把这次预演当成一种战场磨炼。山口多闻命令捕本和江草两个老练的飞行队长担任指挥官。山口多闻发表了简短的讲话:"勇士们,今天是你们袭击珍珠港前的最后一次预演,希望大家能够认真对待,发挥出自己最出色的水平。"

接着,山口多闻宣布预演开始。这次演习的时间离最后的进攻日期仅有3天,因此这些飞行员们不敢怠慢,投入百分之百的精力,每一个动作、每一个细节都力求做到完美。从这次预演中,可以看到飞行员们对战斗的渴望和对敌人的痛恨。他们全神贯注地驾驶着战机,向"敌人"发动猛烈的"进攻",不敢有一丝一毫的懈怠。

山口多闻站在远处,目不转睛地看着飞行员们的预演,飞行员娴熟的驾驶技巧和奋不顾身的战斗精神令山口多闻倍感欣慰。这时,一阵海风吹来,他脸上感到一丝冰凉。预演在一片欢呼声中结束了。这些人对偷袭珍珠港充满了自信,他们毫不担心将来的命运。

12月5日到6日,分批次前往东京进行参观的横须贺各海军学校的实习生加起来超过3000人。这两天,东京许多市民感受到了一种和平的气息,他们异常兴奋。不过一些人对此觉得有点儿奇怪,他们有些不满地说:"现在什么时候了,形势这么紧张,希特勒在欧洲开战了,世界上到处在打仗。在这样的形势下,我们的军队居然还有心情来东京闲逛,这些人到底在搞什么名堂?简直不可思议!"一些细心的人产生了不少疑问:"为什么军队中的士兵都这么年轻,有的人看上去就是个学生,为什么我们远在中国的关东军和远在太平洋的海军没有派人来这里参观呢?"

当然,绝大多数市民是欣喜的,他们喜欢看到和平的景象。有些市民非常钦佩地说:"我简直太激动了,国家太了不起了!真的是太了不起了!大日本帝国海军果然气度非凡。在国势如此紧张的时刻,他们还能如此从容不迫,真是太让人佩服了。我相信,这样的军队到任何时候任何地方都会是胜利者。"

不过让人奇怪的是,一贯喜欢刨根问底的记者只是不停地拍照,没有穷追不舍地问,也没有大规模进行采访,只是采访了个别"海军军官",请他们谈谈在这时候游览东京的感想。其实,这次"三千水兵赴东京"的重点是参观报社,日军想动用媒体的力量将此事无限放大。他们想通过新闻报道让这件事情变得引人瞩目,更加令人迷惑。

12月6日(夏威夷时间5日),美国情报机构"魔术行动"小组截获吉川猛夫发自夏威夷的情报,报告5日下午珍珠港内舰只情况,可是这份情报没有得到及时处理,而是保留在文件筐里。

战争爆发前,美国政府借助"魔术行动"确实掌握了一个很好的情报来源。美国情报界从中发现了日本的开战意图,知道战争是不可避免的。然而,"魔术行动"有一个显而易见的缺陷:一方面只说日本准备打仗,但什么时候打、怎么打一概不提,从而变成了一个情报缺口;另一方面,美国需要的是日本的陆军电报和海军电报,而"魔术行动"破译的却是日本的外交电报。

虽然"魔术情报"在珍珠港事件前的美日交往中发挥了很大的作用,但美国政府对日本发动战争的野心和危险程度估计不足。所以尽管"魔术情报"异常高明,仍然没有起多大作用。

12月6日,风平浪静,空中飘着的乌云似乎预示着一场风暴的来临,这对于正在秘密航行中的日本第一航空舰队来说可谓天赐良机。

12月7日上午，日军第一航空舰队继续向前进发，即将进入美军飞行巡逻区域。第二补给队熟练地给第八战队的巡洋舰和警备队的驱逐舰补给了足够的燃料。在完成补给燃料的重要任务后，第二补给队指挥官新美和贵大佐让自己的队员挂起了"祝你们凯旋"的信号旗，祝愿进攻部队旗开得胜，取得战争之外的胜利。之后，第二补给队在驱逐舰"霞号"的护航下，掉转航向向西驶去。

日军突破美军飞行巡逻区域，径直向决战战场驶去。他们要打一场旷世的大战。从单冠湾起航以来已有10天了，在这段日子里，日本舰队为了最大限度地节约燃料和淡水，让队员们尽量少喝水，不洗澡。

12月7日18时37分（华盛顿时间12月7日4时37分），日本政府把致美国政府备忘录的最后一部分发往华盛顿。电文中指示驻美大使野村吉三郎："这份备忘录不用打字员打字，在8日凌晨3时（华盛顿时间7日下午1时）准时送交美方。"这个时间距离日本预定对珍珠港发起攻击的时间不到半小时。然而，由于需要办理事务手续，野村在7日14时10分（华盛顿时间）才将备忘录递交给美国国务卿赫尔。这时，日本海军飞机的炸弹已经落在了珍珠港，真是"偷鸡不着蚀把米"，日本由此落了个不宣而战的骂名。

7日晚，日本第一航空舰队官兵接到通知，允许大家洗个澡，干干净净、痛痛快快地上战场杀敌。此外，各舰艇分别举行了规模较小的宴会，预祝突袭成功，战胜而归。每一艘航空母舰上，飞行员们也在参加决战之前同精心保养飞机和武器的机械师、报务员等朋友聚在一起，举行临别前的宴会。在这个最后的晚宴上，每一个参加战斗的日本飞行员彼此敬酒。想到明天就要到来的战争，他们忽然有了一种生离死别的感觉。虽然这些人将"为国捐躯"当成最高荣誉，但是当这一天到来的时候，他们心中还是莫名地泛起一丝悲壮。

这一天，日本《朝日新闻》晚刊以《三千海军勇士来社参观》为标题，对这次海军的参观活动做了详细的报道，并刊登了水兵们的照片。该报报道说："在太平洋上辛苦训练的大约3000名海军战士，于1941年12月5日清晨在民藏和重政义两位大尉的率领下分批抵达东京。这些海军战士排着整齐的队伍来到二重桥广场朝拜宫城。他们在参拜了明治神宫和靖国神社之后于上午10时来我社参观。我社深感荣幸，编辑部主任野村秀雄在七楼礼堂为诸位战士致欢迎词。然后，他们在报社内进行参观，时间大约一个小时。战士们以惊奇的目光观看了高速传送机，他们好奇心很强，对报社屋顶上的鸽子非常感兴趣。随后，水兵们又参观了日比谷的广播会馆。下午，士兵们自由活动，随意参观和游览。士兵们愉快地度过了这一天，直至傍晚时分才归队。"

不仅如此，日军大本营还抽调其他部队的飞机进驻参训部队的基地，同时还保持这些基地原有的正常飞行和通信，因为航空舰队参战的大部分舰载机都在鹿儿岛进行紧张的训练，为了不让国民和国外情报机关察觉这些飞机的神秘消失，才采取了这样掩人耳目的举措，还真收到了良好的效果。因此，日本海军长达半年的集训一直没有被国外情报机关侦察到。

另外，日军还采取了严格的保密措施，参加训练的官兵只知道训练地点在日本南部的鹿儿岛和佐伯湾，对训练的目的一无所知。很长一段时间里，奇袭珍珠港的计划只有总指挥官山本五十六和极少数高级军官知道。

第六章
慵懒的巨人，哀号的珍珠港

美军太平洋舰队被日军突如其来的袭击打蒙了。等清醒过来时，停在舰队外侧的"西弗吉尼亚号"和"俄克拉荷马号"战列舰已被鱼雷击中，舰上400多名军官向水中沉去。美军如梦方醒，立即采取行动。当他们用零星的高射炮还击的时候，为时已晚。

◎ 电报被人为耽误

12月7日深夜11时左右（华盛顿时间上午9时左右），华盛顿负责破译日本外交电报的通信谍报处破译了日本政府给美国"最后通牒"的最后一部分（第14部分）。该电文说："鉴于美国政府所采取的态度，帝国政府认为即使今后继续进行谈判，亦无法达成协议。特此通知美国政府，并深表遗憾。"与此同时，"魔术行动"小组还破译了东京命令日本驻美大使野村吉三郎将第14部分于华盛顿时间下午1时整递交美国政府的电文。

传递"魔术情报"的主人克雷默少校和陆军情报局远东科科长布拉顿上校感到情况紧急，于是立即给陆军总参谋长马歇尔的住所打电话。然而，此时的马歇尔正骑着心爱的马，在阿林顿公园轻松愉快地享受着星期天的早晨。他对昨天晚上以来的世界尤其是远东所发生的一切一无所知。

克雷默和布拉顿无法联系到马歇尔，只好赶往海军作战部部长斯塔克的办公室，打算将破译出来的日本政府的备忘录第14部分和"下午1时通电"

交给斯塔克。然而,斯塔克此时正在自己寓所的院子里悠闲地散步。直到上午10点,他才在布拉顿的催促下不高兴地来到办公室。

在斯塔克极不情愿地阅读克雷默和布拉顿送来的电报时,作战部副部长英格索尔、情报局局长威尔逊和通信部部长诺伊艾斯等人相继来到斯塔克的办公室。早就判断出日本主攻方向为南方的布拉顿说:"从刚才克雷默少校送来的截获电报来看,日本可能计划在南中国海方向发动攻击……"

布拉顿的话刚说出口,即被威尔逊打断:"而且日本政府还训令野村大使,要他在事先指定的时间内把这份电报送交我国政府。"

斯塔克冷冷地说:"威尔逊先生,我已经知道了,是下午1时,对吧?"

威尔逊点点头:"是的,下午1时,也就是说,在珍珠港的早晨7时30分。我感到这似乎没有什么值得怀疑的地方。"

斯塔克环视了一下在场的所有人,其中有几个人露出赞同的神情。威尔逊鼓起勇气向斯塔克建议:"现在是否立即跟金梅尔将军联系一下?"

突然静了下来,不再有人说话。斯塔克慢慢地把手伸向电话机,一度拿起了电话听筒,最后还是放了下去。此时是华盛顿时间上午10时15分,在夏威夷则是凌晨4时45分,离日出还有1个半小时。促使斯塔克改变主意的主要根据有两点:一是在黎明前妨碍金梅尔的睡眠是一种罪过;二是最高统帅部不应该对当地指挥官在一些细节问题上指手画脚。

斯塔克拿着电报,摇摇头说:"我看电话还是不要打了,先同总统商量一下再说吧,各位暂时先回去。"

英格索尔等几个人带着失望的心情走出了斯塔克的办公室。

斯塔克当即联系总统办公室。白宫总机的回答是,总统使用的那条电话线"正在通话"。结果，美国海军统帅部没有就这天早上来自"魔术行动"方面的警告要求太平洋舰队司令金梅尔采取任何措施。也就是在斯塔克一度拿起电话最终又放回原处后的25分钟里，日本巡洋舰"利根号"和"筑摩号"上各有一架"零"式水上侦察机为了对珍珠港进行"临时侦察"，在飞机弹射器的一声巨响下，腾空而起，直刺黎明前漆黑的夜空，预示着珍珠港的灾难即将铺天盖地而来。

布拉顿离开海军作战部部长办公室后，立刻命令马歇尔的勤务兵阿加伊亚上士赶紧找马歇尔，并要马歇尔立即给他回个电话。可是，阿加伊亚始终没有找到这位总参谋长。原来，马歇尔这一天比平时多骑了20分钟，而且还在阿林顿公园弯弯曲曲的小路上兜来兜去。直到上午10时30分，马歇尔才心满意足地回到他的寓所，勤务兵阿加伊亚急忙将布拉顿的话转告给长官。

马歇尔给布拉顿挂了一个电话。布拉顿在电话中把"魔术情报"的要点做了一番说明后，不忘强调一句："现在是不是让我驱车到阁下挂电话的地方去，把电报带去给你看看。"

马歇尔说："我的上校先生，不用担心，等我到办公室后再给我看好了。"

布拉顿估计过15分钟后，马歇尔就会来到办公室，于是他就提前拿着"魔术情报"在总参谋长办公室外的走廊里等候。布拉顿左等不来右等不来，等得实在有点儿不耐烦了，他决定在陆军大楼的台阶上等这位在家精心梳妆打扮的总参谋长。

又过了15分钟，马歇尔的身影终于出现在布拉顿的眼前，此时已经是11点多了。

随后，海军作战计划部部长齐罗、情报局局长威尔逊等总参谋部的首脑人物先后走进马歇尔的办公室。马歇尔向在场的每个人征求意见。

"你们看了这份'下午1时通电',有什么想法?"

大家一致认为,日本有这样的企图,在下午1时或1时过后不久,攻击太平洋的某个地方。在听了在场所有人的意见后,马歇尔稍作思考,便斩钉截铁地说:"各位,我确信日本军队将在今天下午1时,或1时过后不久便开始发动攻击。因此,我决定向全军司令发出紧急戒备指令。"

布拉顿听了马歇尔的这番话,悬着的心终于放了下来,闭上眼睛轻松地叹了一口气。此时,总参谋长办公室的时钟指向11时25分。同一时刻,珍珠港以北的海面上,偷袭珍珠港的日军机群正从航空母舰上起飞。

马歇尔拿过一张便条,用铅笔在上面潦草地拟了一份电报,分别致美国陆军部队在菲律宾、巴拿马运河区、夏威夷和旧金山等地的指挥官。电文说:日本将在华盛顿时间今天下午1时递交最后通牒。之后,他们将按照命令立即销毁密码机。这个时候会发生什么不得而知,但是你们要进行严密戒备。

马歇尔写好电文后,马上拿起电话筒给海军作战部部长斯塔克打了个电话,把自己草拟的电报做了一番说明,要求联名发出警告。此时,总参谋长办公室里笼罩着一片紧张的气氛。陆军情报局远东科科长布拉顿上校在一旁紧张地听候命令。

斯塔克接到马歇尔的电话后,有点儿犹豫不决,他不理解马歇尔为什么要这样做。马歇尔之所以这样做是因为"斯塔克认为没有必要再重新发出警告"这一想法已为马歇尔所察觉。但是,斯塔克在接到电话后已经改变了想法。他认为,特殊情况下,即使发出警告,也不会对当地指挥官有什么害处。于是,斯塔克又给马歇尔打了个电话:"我觉得'下午1时'具有某种特殊的重要性，若能通知下去的话，就在命令陆军部队指挥官的同时，也请顺便转告海军方面。"

马歇尔在原先铅笔写好的电文的末尾，加上了"也请转告海军部队"几个字，他一边将电文交给布拉顿上校，一边吩咐："把这份电报送到发报处，用最快最安全的方法发给各指挥官。"

布拉顿来到了通信科长弗伦奇上校的办公室，要求十万火急地发报。弗伦奇看得出便条纸上的铅笔字，但他对马歇尔潦草的字迹还是感到没有把握。为了不出差错，他在布拉顿的帮助下，将这份电文用打字机打了出来。这份给夏威夷的电报是在华盛顿时间中午12时12分（夏威夷时间早晨6时42分，距日本军队开始攻击的时间还差1小时13分）拍出去的。遗憾的是，这一指令没有使用马歇尔办公桌的专用电话、隔壁房间的秘密电话或海军短波无线电发出，而是通过最费时间的西部联合电信公司拍发的。更加不可思议的是，没有直接拍往檀香山，而是先从华盛顿有线电报公司拍到旧金山，再同那里的美国无线电公司取得联系，然后再用无线电电报拍发给檀香山的美国无线电公司。电报拍到檀香山后，还得从位于市中心的美国无线电公司办事处送到8公里以外的谢夫特堡陆军通信处，从那里再同副官室取得联系，最后才送到夏威夷陆军司令肖特将军手里。当马歇尔的电报经过几番周折送达肖特手里时，已经是日本偷袭珍珠港以后7个多小时了。显然，马歇尔的电报被人为耽误了。

◎ 起飞，目标珍珠港

12月7日深夜11时30分（夏威夷时间1941年12月7日凌晨4点），在距珍珠港以北250海里处，一支庞大的舰队打破了宁静，如箭一般向珍珠港冲来。这支舰队由6艘航空母舰排成两路纵队，航空母舰的四角有2艘快速战列舰和2艘重巡洋舰，最外边是9艘驱逐舰，行驶在最前面引导这个巨型舰队的是1艘轻巡洋舰和2艘潜艇。许多待命多时的战机都静静地趴在航空母舰的飞行甲板上，每一架战机的腹下都挂着重型炸弹和鱼雷，它们有一个共同的目标——珍珠港。这支舰队就是日本海军倾巢而出组成的偷袭珍珠港的作战舰队。

8日凌晨1时（夏威夷时间7日5时30分），突袭美军夏威夷基地的日本航空队总指挥官渊田美津雄穿着飞行服向长官南云忠一挥手告别，他信心十足地说："司令，还有什么指示？如果没有，请求出发！"

南云忠一用鼓励的目光看着渊田美津雄："出发，不要留情，狠狠地轰炸！"南云忠一说完走上前去，紧紧地握住了渊田美津雄的手。

出发前，待命室里挤满了即将出发的飞行员，这些人就着暗淡的灯光默默地为自己祝福着，那些无法挤入室内的飞行员都簇拥在门外，以致室外的过道拥挤不堪。此刻，待命室正面的一块黑板上已标出命令："赤城号"，凌晨1时30分（夏威夷时间7日6时）所在的位置，距瓦胡岛正北230海里。这个时候，舰长长谷川喜一从舰桥上走下来。渊田当即喊了一声口令："立正！"并向长谷川行了一个军礼。舰长简短有力地下达了出发的命令。飞行员们纷纷走出待命室，向各自的飞机跑去。

第二航空队旗舰"苍龙号"上，所有飞行员整齐地站在靠近舰桥的飞行甲板上。舰长柳本和司令官山口正相继对即将踏上征途完成划时代壮举的飞行员们做最后动员。他们并没有说太多的话，只是反复重复着一句："祝你们成功！"

随后，接到命令的飞行员们纷纷登机。他们在出发前，静静地闭上眼睛，做着深呼吸，默默地祈祷着："希望能够胜利地完成任务，平安归来。"他们又在暗暗嘱咐自己："不管遇到什么情况，不管发生什么危险，都要保持冷静，不能慌乱。"

"启动引擎！"指挥官发出指令。

凌晨1时20分（夏威夷时间7日5时50分），日本所有参加偷袭珍珠港的航空母舰一齐掉转头逆风驶去。这时，平静的太平洋上刮起了每秒13米的偏东风。战舰主桅杆上那面"Z"字信号旗和战斗旗一起猎猎飘扬。

"起飞！"指挥官再次发出指令。紧接着，指挥所里指示起飞的信号灯在空中划出一个弧形。10分钟后，日军第一批进行攻击的183架飞机从6艘航空母舰上一架接着一架冲向铅色的苍穹。在渊田美津雄总指挥官的领航下，第一批攻击队的机群在舰队上空盘旋了一圈，于凌晨1时45分掠过旗舰"赤城号"，直扑瓦胡岛。

当第一批攻击队183架飞机从瓦胡岛以北230海里快速起飞攻击珍珠港时，美国有18架机翼上涂有星条标志的俯冲轰炸机同时在200海里外的美军"企业号"航空母舰上起飞，朝着珍珠港方向飞去。日军官兵们怀着必胜的信念欢送航空队出发，而美国航空母舰上的人员却是以充满妒忌的心理送走那些比自己先一步返回夏威夷的飞行员们。本来，美军最初的方案是"企业号"将12架加强威克岛防御的海军战斗机送到岛上后，在夏威夷时间12月7日7时30分的时候驶进珍珠港航线，并于8时前停靠到港内抛锚处。从威克岛返航途中，"企业号"遭遇非常恶劣的天气，所以耽误了返航时间，不能按照预定的时间返回珍珠港。为此，"企业号"航空母舰舰长哈尔西大为恼火。

日本第一批攻击队预定的进攻时间是7时55分，如果美国的"企业号"航空母舰能够按预定计划返航，就会遭遇与珍珠港内其他所有美国军舰同样的命运——被击沉在珍珠港12米深的浅海中。正是由于突如其来的恶劣天气，"企业号"航空母舰才免遭灭顶之灾。

12月8日凌晨2时（夏威夷时间7日清晨6时30分），正在珍珠港附近巡逻的美国"守护人号"驱逐舰突然发现了一艘潜艇的潜望镜和指挥塔。这艘潜艇尾随在拖有一艘铁制平底船的拖轮"安泰勒斯号"后面，向着珍珠港入口处方向驶去。清清楚楚观察到这种现象的"守护人号"舰长奥特布里奇断定这艘潜艇企图穿过港口的防潜艇网侵入珍珠港，于是大声命令："全舰人员注意，有不同舰艇靠近珍珠港！"舰桥上的官兵听到命令立即紧张地行动起来，随后舰内到处响起了"全舰人员各就各位"的紧急警报。

8日凌晨2时10分（夏威夷时间7日6时40分），"守护人号"以每小时5海里增至25海里的航速向这艘潜艇靠拢。当舰长再次拿起望远镜观察时，发现该潜艇的潜望镜正露出水面，沿着"安泰勒斯号"的航迹向着港口方向驶去。他立即命令："右15度，目标潜艇，深水炸弹攻击！"

"守护人号"接到命令后用1号炮和3号炮开始炮击，并投掷深水炸弹。1号炮炮弹从潜艇指挥塔的正上方掠过，但3号炮在100米内发射的炮弹击中潜艇指挥塔下部接近水面的船体。这次炮击行动比日本第一批攻击队开始攻击的时间（7时55分）早1小时10分钟。接着，奥特布里奇舰长立即将这一重要情报以电报的形式向第十四海军军区司令做了报告。报告说："本舰对一艘在防御水域内行动的潜艇进行了炮击，并以深水炸弹发起了攻击。"被"守护人号"击中的那艘潜艇降低航速后向左倾斜而沉没，附近海面上漂浮起一层油污。

此刻，美国政府对于灾难的降临没有得到一点儿消息，他们还在思考着如何在谈判中与日本人拖延时间，以争取到更多的时间进行备战。美国人最终商讨出一个方案，即再向日本政府施以"恩惠"，以求得"暂时的和平"，然后利用这段短暂的"和平"时间，全力做好备战工作。美国人越来越清楚地意识到，日本发动战争的决心已无法改变。于是，美国国务卿赫尔邀请日本驻美大使野村来他的办公室会谈。然而，此时的野村已经接到日本政府的指示："推迟会见时间。"

就在野村计划向赫尔提出推迟会见的时候，日本海军智囊团成员全部聚集在东京霞关的大本营海军部作战室里,焦急地等待着"预定时刻"的到来。作战室的中央放着一张大桌子,大家把胳膊支撑在桌子上,竖起耳朵听着。在停泊于广岛湾柱岛停泊地区的联合舰队旗舰"长门号"上,参谋人员们三五成群地聚集在作战室里。作战室的周围墙壁上挂满了整个太平洋海域的巨幅海图和东南亚海域的海图。桌子上放着一个大型地球仪和一张铺开的海图,旁边的小桌子上整齐地摆着作战命令和电报的译码本。

◎ 突袭，祥和港湾成地狱

8日凌晨2时32分（夏威夷时间7日7时02分），美军瓦胡岛最北面奥帕纳山冈上的雷达站内，雷达管制员发现有机群向北而来。当他把这一情况报告给负责值班的泰勒中尉时，泰勒脱口而出："伙计，你太紧张了，不用担心，那是从西海岸飞过来的我们的B-17机群。"

8日凌晨2时45分（夏威夷时间7日7时15分），日军由岛崎重和少佐指挥的第二批攻击队166架飞机起飞。日军担心发生意外，直到攻击队的全部飞机起飞后，才安下心来。正如大石参谋在他的日记中写的那样："半个月的呕心沥血总算没有白费，即将迎来出头之日。"

在夏威夷海军军区值班的美军预备役军官卡明斯基少校看着一份已译好的密码电报。这份电报是在珍珠港附近巡逻的"守护人号"驱逐舰舰长发给第十四海军军区司令布洛克的。电报内容是："本舰对一艘在防御水域内行动的潜艇进行了炮击，并以深水炸弹发起了攻击。"卡明斯基立即同第十四海军军区的副官进行联系，但是电话怎么也打不通。于是，他就打电话给太平洋舰队司令部，向上级报告了"守护人号"驱逐舰发来的电报内容。布拉克少校接听了卡明斯基打来的电话，他立即把电话记录转告值班参谋墨菲中校。墨菲气喘吁吁地问："第十四海军军区值班军官对此事是如何处理的？他有没有说过已把这份电报向布洛克司令报告了？"

布拉克说："没有。"墨菲马上就关照他说："趁我现在正在换军装的时候，你赶快同卡明斯基进行联系，问清楚他是怎么处理的，是不是已经向布洛克司令报告过了？"

墨菲刚换好军装，布拉克又匆匆地跑回来报告："打了好几次电话，总是有人在通话，怎么也不通。"

"情报紧急，你赶紧到作战室准备好海图，查一下现在各舰艇的位置。我想再打一次电话试试看。"

墨菲拨了好几次，始终处于占线状态。墨菲越来越着急，于是指示接线员："告诉第十四海军军区的值班军官，除非最重要的事情，否则停止挂电话，立即同太平洋舰队司令部进行联系，并传达下去！"

说完，墨菲匆匆忙忙向作战室跑去。在他奔向作战室途中，电话机骤然响起。

原来是第二巡逻机部队拉姆齐中校打来的，他在电话中说："我们在防御水域击沉1艘潜艇。"拉姆齐刚挂完电话，卡明斯基就打来了，他在电话中报告："已向布洛克司令报告过了。为了支援驱逐舰'守护人号'并查明情况，已命令正在待命的驱逐舰立即出动。"

挂了电话后，墨菲马上往太平洋舰队司令金梅尔的寓所打电话，将得到的情况简要地向金梅尔作了汇报。金梅尔说:"我马上到司令部!"

对突然发生的情况,金梅尔没有表现得过于惊慌,好像早就知道了悲剧迟早会降临到他身上。在去往司令部的途中,金梅尔脑海中浮现出日军轰炸珍珠港的画面。他闭上了眼睛,长长地叹了一口气。

8日凌晨3时05分(夏威夷时间7日7时35分),当日军渊田美津雄指挥的第一波攻击队到达珍珠港上空时,整个珍珠港洋溢在一片安静的周末气氛中。这本来是个普通的星期天早晨,许多军官经过周末的寻欢作乐,还未起床,根本不会想到死神已经降临。

广阔的天空下,回荡着广播电台的轻音乐。水面上涟漪点点,教堂中飘出温馨的钟声。几架民用飞机在低空懒洋洋地盘旋着,一大片美军舰队在旭日的辉映下宁静而安详。机场上静静地停着一排战机。

见此情景,渊田美津雄非常高兴,当即发出信号弹,命令机群按照攻击队形以最快的速度排列好,然后发出"虎、虎、虎"的信号,通知"赤城号"航空母舰,奇袭即将成功。

远在4860海里外的日本"长门号"旗舰的工作人员收到"虎、虎、虎"的信号后,立刻将这一好消息报告给此次行动的最高指挥官山本五十六。山本听完报告,面无表情,继续和参谋长下棋。

对于这次袭击,日本军部拟订了两种攻击方案:一是奇袭,二是强攻。高桥海军少佐将渊田美津雄发出的信号弹误认为是强攻,于是将鱼雷机、水平轰炸机和俯冲轰炸机同时冲向珍珠港。

8日凌晨3时25分(夏威夷时间7日7时55分),日军第一批俯冲轰炸机开始发动空袭,目标分别是美军瓦胡岛周围的几个机场:希凯姆机场、惠列尔机场、埃瓦机场和卡内欧黑机场。空中攻击不到两分钟,鱼雷机便开始表演,它们盘旋在珍珠岛上空,投下了大量鱼雷。特别是与珍珠港近在咫尺的希凯姆机场,巨大的机库旁,重型轰炸机一架架整齐地排列在停机坪上,毫无戒备。

刹那间,弹如雨下,如同晴天霹雳,机场上的重型轰炸机被炸得七零八落。一阵巨大的爆炸声后,希凯姆机场黑烟腾空而起,埃瓦机场硝烟弥漫,惠列尔机场瞬间升起了高大的烟柱。仅仅几分钟,日军就彻底毁掉了美军瓦胡岛的空防力量。几个机场满目疮痍,遍地弹坑,几百架美机变成了一堆堆冒着黑烟的废铁,有几架侥幸起飞,却很快就被日军高度灵活的"零"式战斗机打了下来。

日本偷袭珍珠港

日本偷袭珍珠港

突如其来的轰炸，令日军空中总指挥渊田美津雄海军中佐不禁大惊失色："怎么搞的，俯冲轰炸机怎么先上去了？"此时，鱼雷机队从希凯姆机场那边穿过海军造船厂进入攻击位置，率领鱼雷机队的村田海军少佐此时感到大事不妙，因为他先见到的是渊田发射的奇袭信号弹，这应该由他的鱼雷机首先对付海面上的舰船，没想到此时高桥抢先。海面上的战舰要是被硝烟遮挡，他的鱼雷机就无法下手了。在高桥发起攻击后还不到两分钟，村田赶紧命令鱼雷机队抄近路对珍珠港内的战列舰发动鱼雷攻击。

美军太平洋舰队被日军突如其来的袭击打蒙了。等清醒过来时，停在舰队外侧的"西弗吉尼亚号"和"俄克拉荷马号"战列舰已被鱼雷击中，舰上400多名军官向水中沉去。美军如梦方醒，立即采取行动。当他们用零星的高射炮还击的时候，为时已晚。此时，渊田率领的日军水平轰炸机开始发动全面轰炸。美军舰队在日军轰炸机面前狼狈不堪，损失惨重。突然，福特岛东侧的美军战列舰队中发出了震耳欲聋的大爆炸声，浓烟滚滚，火药和炸药爆炸不充分燃烧而特有的红黑相间的烟柱蹿起1000多米高。美军士兵四处奔逃。

◎ 珍珠港没有还手之力

就在日军第一波次攻击的同一时刻，停泊在珍珠港内的大大小小 96 艘美国舰艇正准备于 8 时升舰旗。"海伦娜号"巡洋舰后甲板上，琼斯少尉指挥的 4 名水兵正在向舰艉的旗杆跑去；"内华达号"战列舰后甲板上，两三名军乐队员正在整队准备演奏国歌。这些美国士兵当时对灾难的降临毫无察觉。

突然，太平洋舰队司令部的一名下级军官气喘吁吁地跑进作战室："瞭望台报告，日机正在空袭珍珠港，不是演习！"

墨菲听了大惊失色，立即将这一情况用电话报告舰队司令金梅尔。同时，他又命令司令部的通信官马上向海军作战部部长斯塔克、亚洲舰队司令哈特、大西洋舰队司令金、太平洋舰队所属各部队司令和所有舰艇拍发特急电报："珍珠港遭遇突然袭击！"

金梅尔在电话中听到墨菲报告"珍珠港遭遇突袭"这一消息后，立即从麦克拉帕半山腰的寓所居室跑到院子里，向珍珠港那边望去。这时，展现在金梅尔眼前的是一幅美国太平洋舰队行将覆没的悲惨景象。他站着一动不动，注视着珍珠港所出现的噩梦般难以置信的现实。站在金梅尔身旁的第十四海军军区参谋长艾尔上校的夫人低声说："将军，敌军的鱼雷好像击中了'俄克拉荷马号'战列舰。"

"是的，我也看到了。"金梅尔毫无表情地回答。

这时，美军第十四海军军区情报参谋梅菲尔德中校身穿睡衣也来到寓所后院的草坪上，拿着望远镜眺望珍珠港方向发生的情况。

经常同金梅尔一起打高尔夫球的夏威夷陆军司令肖特中将，此时穿着高尔夫球衣，正站在谢夫特堡的寓所门口仰望着天空。这里可以听到远处传来飞机的引擎声和低沉的爆炸声。

当金梅尔来到设在珍珠港潜艇基地的司令部时，他指挥的这支太平洋舰队的主力已被或击沉或击毁，8艘战列舰中的"亚利桑那号""俄克拉荷马号"和"西弗吉尼亚号"被击沉；"加利福尼亚号"正在下沉，"马里兰号"遭到重创，"宾夕法尼亚号"搁浅在船坞中，剩下的"内华达号"也被一枚鱼雷和两枚炸弹击中，生还的希望不大。

这是金梅尔一生中蒙受最大屈辱的时刻，他眼睁睁地看着日军疯狂地轰炸珍珠港，又眼睁睁地看着日军大模大样地离去，这个耻辱是金梅尔战争生涯中从来没有过的。

在美军夏威夷海军军区值班的预备役军官卡明斯基少校听到从南方扑来的飞机引擎声，隐隐感到不妙，飞快地跑到大楼南边的阳台上观望。他清楚地看到飞机机翼上涂有的"太阳"标志，正在瞪着眼睛茫然不知所措时，飞机已向战列舰停泊的地方飞去，猛烈攻击随即展开。

防御珍珠港的海军负责人、第十四海军军区司令布洛克将军则在日机开始攻击后好一会儿才来到司令部。此时，在"内华达号"战列舰后甲板上，麦克米伦指挥的军乐队已经整好队形，正在等待升起舰旗的时刻。就是在这升旗前的5分钟，一队飞机冲向附近的福特岛。接着便传来一阵可怕的爆炸声，一团硝烟腾空升起。麦克米伦看到这一情景，还以为是一次特别演习，并没有在意。军乐队于8点准时奏起国歌，一面舰旗随着乐曲声从舰艉的旗杆上徐徐升起。

就在此时，一架日军飞机擦着港内海面飞来，向停泊在旁边的"亚利桑那号"战列舰投下了鱼雷，随后便从列队站着军乐队的"内华达号"后甲板上一掠而过。这时，美国的官兵才发现这不是演习，而是日军对珍珠港的一次真正的突袭。美国人只能眼睁睁地看着日本战斗机对珍珠港肆无忌惮地进行轰炸。

8日凌晨3时40分（夏威夷时间7日8时10分），一封"珍珠港突遭空袭"的电报发往美国海军部。海军部的军官们闻此大惊失色。

金梅尔正准备到司令部了解"守护人号"的反潜战情况，爆炸声突然传来。他立即奔出麦克拉帕半山腰的住所，向珍珠港方向眺望，没想到被"亚利桑那号"战列舰巨大的爆炸气流重撞在柱子上。

8日凌晨3时50分（夏威夷时间7日8时20分），美国海军部接到金梅尔发来的第一份电报："珍珠港遭遇空袭。"当美国海军部收到这份电报时，海军部部长诺克斯正在狄龙少校的房间里开会。参加会议的有作战部部长斯塔克和作战计划部部长特纳。看完这份来电后，诺克斯脸色大变，大声说："怎么会这样，怎么会这样，真是不得了了，这是不可能的！这群浑蛋！"

当这份电报送往白宫的时候，罗斯福正在书房里同顾问霍普金斯欣赏他精心收集的邮册。根据后来会见总统的一些人回忆："当时罗斯福的反应，比人们想象的要镇静得多，也轻松得多，他给人的印象是轻松和愉快的。"

美国陆军部部长史汀生在日记中记录了当时的情景："大约2时，我刚要吃午餐，总统打来电话，他以较高的语调问我：'你今天收到什么消息没有？'我回答说：'是的，我知道日本军队已经在进攻泰国湾了。'总统当即指出：'不，我所要讲的不是这件事，我告诉你，日军攻击了夏威夷，他们正在攻击夏威夷！'"

8日凌晨3时55分（夏威夷时间7日8时25分），日本第一波次袭击渐渐平息下来。渊田驾驶着飞机在空中盘旋，在评估攻击效果。此次攻击，日机仅损失9架，而此刻从西海岸飞来的美军12架B-17战略轰炸机在面目全非的机场上艰难地寻找着着陆的地方。

◎ 终于撕下伪装

8日凌晨4时05分（华盛顿时间7日下午2时05分），日本驻美大使野村吉三郎和谈判特使来栖三郎来到美国国务院。这时，罗斯福正打电话给国务卿赫尔。罗斯福声调平稳，但语速很快："我已经收到报告，日本军队攻击了珍珠港。"

赫尔紧忙问："这份报告经过核实了吗？"

罗斯福平静地说："还没有。"

赫尔认为，这份报告是真实可信的，他将这一想法告诉了罗斯福。考虑到一会儿要会晤野村和来栖，所以他建议总统让人核实一下这份报告。

赫尔接到罗斯福电话的时候，坐在赫尔房间里的还有美国政府法律顾问哈克洛斯和远东司司长巴兰坦。挂了电话后，赫尔忧心忡忡地对二人说："刚才总统打来电话，说他收到了一份未经核实的电报，电报称日本人攻击了我们的珍珠港。一会儿，日本的两位大使要来与我会晤。我知道他们来的目的是拒绝我们11月26日的备忘录。或许，他们还带来了宣战书。我真不想见这两个人，可是没有办法，人就要到了。"

赫尔虽然嘴上这么说，但考虑到罗斯福手中的那份未经核实的报告，决定会见两个日本人。

15分钟后，野村和来栖来到赫尔的办公室。赫尔没有以往那样的礼貌和热情，流露出一副冷淡的态度，没有请二人就座。

野村说："我接到我国政府的训令，本来应该下午1点来递交这份文件，但由于使馆的电报译读工作超过了原来预定的时间，所以推迟到现在才赶过来。"说完，他将日本政府的最后通牒递给赫尔。

赫尔问："为什么将会晤时间定在下午1点呢？"

野村说："具体我也不知道，我只是根据政府训令行事。"

赫尔将野村交给他的文件装着看了一遍的样子，其实这份文件早已被美国情报部门破译了。赫尔看了两三页后问："这份文件你确定是根据政府的训令递交的吗？"

野村说："当然。"

赫尔盯着野村，非常严肃地说："我直接如实地告诉你，我在过去同你进行的9个月的谈判中，从没有说过一句谎话。这一点，你只要看一下过去的记录就会非常清楚。可你们递交的这份文件，是我50年职业生涯中从来没有见过的！我从来没见过这样一份厚颜无耻、充满虚伪和狡辩的文件。到目前为止，我做梦都没有想到这个地球上居然还有你们这样牵强附会和谎言不断的国家。"

听完赫尔的话,野村似乎想要说什么,但是赫尔挥一挥手,用下巴指向门口,示意他们可以走了。野村和来栖同赫尔握手后,静静走出了国务卿办公室,他们感觉颜面扫地。野村虽然在离开美国国务院时态度依然坚决,但是他的眼角却含着一滴泪水。

野村和来栖在返回大使馆的途中,美国的广播电台正反复广播着"珍珠港遭受攻击"的消息。日本袭击珍珠港的紧急报道,让许多正在星期天度假的美国人感到震惊和不安。他们像受到了莫大的打击和侮辱一样,感到无比的愤怒。神色紧张的电台播音员失去了平时那种沉着的语调,声音有些颤抖。

野村和来栖刚回到大使馆,电话就被美国宪兵切断,所有日本驻美大使馆的工作人员遭到特别管制,没有特殊情况不许迈出大使馆一步。美国政府的这种"软禁"持续了半年之久。

日本大使馆里正忙着处理战争的相关事情,忘了关闭使馆的大门。30多名记者为采访日本大使馆开战时的情况擅自拥进大使馆的院子,大使馆工作人员不得不出来"应酬"。此时,大使馆内销毁密码机的工作还在紧张地进行着,许多密码机在销毁时冒出了一股股白烟。冒出的白烟令许多记者感到奇怪,他们不停地问:"白色烟雾是什么东西?"

接待这些记者的是日本大使馆海军武官佐佐木勋一,他用熟练的英语回答着记者的问题:"你们看到烟是因为在烧东西。你们看,绿色的烟是在烧情书,黄色的烟是在烧美日两国断绝外交的信件。"

面对这样的回答,记者虽然知道他们在有意搪塞,但也不好再继续问下去了。经过很长一段时间的嘈杂和喧闹，大使馆的门才紧紧关闭。美国还在日本大使馆周围配备了宪兵，加强了戒备。

日军偷袭珍珠港很快就被证实，愤怒的美国民众进行了长时间的游行。这些群情激奋的美国人为了对日军偷袭珍珠港的行动进行报复，准备了装有汽油的燃烧瓶，打算烧毁日本大使馆，以发泄心头的愤怒。这时，美国警察连忙来制止，他们劝这些游行的民众保持冷静，并高声喊道："大家不要忘了，我们的格鲁大使等人还在东京。"愤怒的民众好不容易才被劝着陆续离开。直到黄昏，围在大使馆的人群才渐渐散去。

在东京，许多日本记者赶到陆军省记者俱乐部，每个人的脸上都呈现出紧张的神情，透露出内心的惶恐与不安。

日本陆军省新闻发言人大平部向记者们发布了下面的公告：大日本帝国海军已于今日凌晨在西太平洋与美英军进入战争状态。

公告一经发布，在场的记者们便忙碌开了。他们在同一时间里发出了开战的第一篇报道，每个人都声音宏亮。这些新闻界的人士是这样向国民们报道的："战争来了，就在这一瞬间，每个人要永远铭记这份公告，虽然仅有短短28个字，但它却像一把锋利的匕首刺向敌国的心脏。"

记者们坐在那里，紧紧握着铅笔，迅速地在纸上写着激动人心的报道，在场的摄影记者们几乎同时打开了闪光灯进行拍照。这一切仅仅用了3分钟时间，日本向美宣战的新闻发布会就这样结束了。

这次新闻的发布会是日本海陆军在绝对保密的情况下准备的，许多情报做得非常保密。正如决定开战的事情只有极少数人知道一样，在海军省内事先知道这次新闻发布的也只有田代中佐等 3 人。海军省里负责报道工作的其他工作人员，也都是在听完日本电台的新闻广播后，才得知这一消息的，这些人此刻才如梦方醒。然而，出于职业习惯，这些人还要装出一副笑眯眯的样子，仿佛他们早已知道了这件事情似的。

◎ 珍珠港被炸，丘吉尔安心

8日凌晨4时10分（夏威夷时间7日8时40分），日军对珍珠港发动了第二波次袭击。这次袭击由78架俯冲轰炸机、54架水平轰炸机和35架战斗机共同实施。8时42分，日军167架战斗机疯狂攻击着已经残缺惨淡的珍珠港。美军战机遭到袭击后，仅有少量飞机得以起飞，刚刚起飞又被日军战机冲击和轰炸得七零八落。

这次，美军的一艘鱼雷快艇首先遭殃，它的弹药舱被3颗炸弹命中，巨大的火苗直冲海空。与此同时，在第一次攻击中遭受轻伤的"内华达号"战列舰想要逃走，被蜂拥而至的日机击中6处，浓烟和烈火立即将战列舰包围，舰长为避免阻塞航道下令抢滩，在霍斯皮特尔角搁浅。至此，美军珍珠港内8艘战列舰全部失去了战斗力。

8日凌晨5时10分（夏威夷时间7日9时40分），日本空军第二波次袭击完成后，渊田美津雄下令撤离，所有日军飞机返航。飞机返航后，渊田强烈建议实施第三波袭击，但日本第一航空舰队司令南云忠一认为任务已经超额完成，没必要再冒风险继续战斗了。于是，他下令所有舰队返航。

美军方面，战舰和战机受到严重损坏，人员伤亡惨重。在珍珠港被袭击前，美国虽然一直在加强太平洋的军事防御力量，但美国政府一直认为日本军国主义分子不管怎样嚣张，也不敢进攻美国。这种分析，是对日本民族心理、经济困境和军事力量对比严重误解而产生的。正是美国政府自大和麻痹的思想，才让美军的舰队没有做应有的防卫。珍珠港被偷袭，迫使美国在海战中不得不建立以航空母舰为中心的战略思想，这对以后的战争起了难以衡量的作用。

珍珠港被袭后，美国对于这次战争最大的一个疑问就是谁应该对这次失败负责，因为不到两个小时就有2400名美国军人失去了生命。虽然事情结束后，美国政府已经将太平洋舰队司令金梅尔撤职，但是国内仍有许多民众将质疑投向了他们之前无比爱戴和景仰的罗斯福总统身上，他们认为是罗斯福诱使日本打响了战争的第一枪。此外，他也没有将珍珠港即将被袭的重要消息告诉珍珠港的作战部队。后来，经过详细调查，并没有确凿的证据将这次罪名定在某一个人的头上，但珍珠港事件留给美国的教训是深刻而惨痛的。

日本用微小的损失取得了珍珠港偷袭战的巨大胜利，不得不承认是一个奇迹。日本先后有60多艘舰艇参与了这次偷袭行动，具体如下。

1. 攻击部队："苍龙号""飞龙号""翔鹤号""瑞鹤号""赤城号"和"加贺号"共6艘航空母舰及5艘袖珍潜艇。

2. 警戒部队："比睿号""雾岛号"2艘战列舰；"利根号""筑摩号"2

艘重巡洋舰;"谷风号""浦风号"等11艘驱逐舰。

3. 巡逻部队:"伊"字号潜艇30艘。

4. 补给部队:"极东号"油船8艘。

日军和美军的损失情况如下:

1. 日本的损失:第一波战机9架,第二波战机20架,共计29架战机;袖珍潜艇5艘;人员伤亡约100人。

2. 美国太平洋舰队的损失:

(1)战舰:"加利福尼亚号""俄克拉荷马号""西弗吉尼亚号""亚利桑那号"战列舰4艘沉没;"马里兰号""田纳西号""内华达号"3艘战列舰严重受损;"宾夕法尼亚号"战列舰轻伤;其他战舰:"犹他号"靶船沉没,另有3艘巡洋舰、3艘驱逐舰以及3艘其他舰只被炸伤。

(2)损失飞机232架。

(3)人员伤亡:2400人死亡,其中1000人死亡在"亚利桑那号"战列舰上,近2000人受伤。

日本通过珍珠港偷袭战将美国拉入第二次世界大战。珍珠港被袭的消息传遍世界后,英国首相丘吉尔笑了,苏联最高统帅斯大林笑了,中国国民党将领蒋介石也笑了,他们都知道,日本的这次短暂的胜利,代价将是把强大的美国拉入战争。美国一旦加入战争,德、意、日法西斯分子的末日就不远了。丘吉尔在听到这个消息时,只说了一句"我们终于算是赢了",而后安然入睡。

当日本联合舰队司令部的通信兵向值班参谋报告收到前方连续拍来的"虎、虎、虎"的电报时,美国太平洋舰队司令部的值班参谋墨菲中校则给在麦克埠帕寓所的金梅尔司令打了一个电话,向他报告了在第十四海军军区值班的预备役军官卡明斯基少校于电话中汇报的一个新情况,即在珍珠港港口巡逻的驱逐舰"守护人号"拍来的第二份电报。该电报称:"守护人号"在港外扣留一艘舢板,现正拖着它向檀香山港驶去。

第七章　巨人开始怒吼

当日本人扬扬得意于珍珠港偷袭战的胜利时，却没有想到美国因为这次失败而变得团结起来，全体美国人抱定了与日本战斗到底的决心。当美国对日正式宣战的消息传遍世界的时候，在法西斯铁蹄下遭受苦难的人们得到了鼓舞，他们仿佛看到了希望的曙光。

◎ 偷袭，激怒了美国人民

日本偷袭珍珠港结束后，美国总统罗斯福向全国发表了慷慨激昂的演说，正式对日本宣战。然而，偷袭珍珠港时的种种反常现象，留给后人一个谜：美国是否彻底知道日本的偷袭行动？当美国破译的电报交给罗斯福时，他并没有将这份重要的情报及时告知太平洋舰队司令金梅尔和夏威夷陆军司令肖特。

其实在日本偷袭珍珠港前，美国陆军总参谋长马歇尔就给夏威夷陆军司令指挥官肖特中将发过一份密码电报。这份电报到达檀香山美国无线电公司的时间正是日本袭击珍珠港第一批攻击队的指挥官渊田美津雄中佐向183架飞机发出"全队突击"命令前的16分钟。然而，当地的邮政公司并没有将这份文件进行优先处理，而是按照加急电报的顺序递送。当邮政公司的邮递员将电报送往肖特那里的时候，也正是日本驻美大使野村吉三郎和谈判特使来栖三郎离开美国国务院的时刻。当时，檀香山大街上的大楼已经被熊熊烈火烧得不成样子,被炸坏的消防龙头喷射出高达十几米的水柱,这就耽误了邮递员的时间。

当邮递员将电报送到陆军司令部时,已是上午 11 时 45 分了。值班班长接过电报后,看着眼前这个好像是日本人的邮递员,眼神里充满敌意。当这份密码电报译读后送到肖特的副官丹洛克上校手里时,已是下午 2 时 58 分了,日本偷袭珍珠港已经过了 7 个小时零 3 分。

肖特一言不发,认真看完马歇尔的电报。该电报的内容如下:

日本政府于今天下午 1 点(华盛顿时间),向我国递交了相当于最后通牒的文件,还下令立即销毁密码机。此时,正在发生什么事情我们一无所知。不过,我们一定要加强戒备,同时将这一情报转告海军部队。

肖特沉思了一下,随即发出命令:"立即将这份电报的抄本送交金梅尔司令。"华盛顿时间下午 1 时,也就是檀香山当天早晨 7 时 30 分,这个时刻对于美军到底意味着什么自然是不言而喻的。当这份电报送达的时候,美军早已败得一塌糊涂。

金梅尔后来在接受媒体采访时不无遗憾地指出:"政府可能扣下了珍珠港将要遭受袭击的重要情报,太平洋舰队失去了一次重要的战斗机会,这才是导致 1941 年 12 月 7 日灾难的根本原因。"

美国海军作战部长斯塔克解释:"我不希望通知金梅尔司令,因为这是一个秘密。"由此可见,罗斯福为了让美国民众支持对日开战,不得不牺牲海军基地的舰艇。按理说即使美国高层早先不知道这次日本的袭击,也应该在大战来临之际想办法增强驻珍珠港的太平洋舰队的军事实力。然而，当时的情况却是，早在1941年初，美国太平洋舰队所包括的1艘航空母舰、3艘战列舰、4艘巡洋舰、17艘驱逐舰的近1/4的作战主力舰队被调往大西洋舰队。不仅如此，美国海军部还将舰队中素质最高的指挥官和部分水兵分批次调往大西洋舰队。对于这些，金梅尔曾不止一次地向斯塔克建议，希望保留太平洋舰队的实力。他曾这样说："在太平洋上，一支充满杀伤力的舰队无疑会对日本形成强大的威慑，使他们不敢轻举妄动。如果将舰队实力减弱，极有可能招致日本人的进攻。只有我们的舰队足够强大，能够保证有足够的力量对付日本舰队时，我们在太平洋才是安全的，否则将处在危险之中。"

对于金梅尔的建议，美国海军部和斯塔克并没有给予答复。更令人不解的是，当日军空袭珍珠港时，太平洋舰队的主力——3艘航空母舰正好都没有停泊在珍珠港。其中的"萨拉托加号"正停泊在圣迭戈接受检修，"列克星敦号"在行驶途中，"企业号"在珍珠港以西200海里外，也在归途中。因此，在珍珠港遭受灾难时，美国驻珍珠港最重要的3艘航空母舰都不在场。

美国"企业号"航空母舰因向威克岛运送海军战斗机而没有停在珍珠港，它幸运地躲过了这场大劫难。该舰司令哈尔西将军对于这天的具体情况做了记录：

一个令人难忘的日子。当"企业号"航空母舰上18架飞机朝珍珠港的福特岛基地飞过之后，我赶紧跑下甲板，进入司令室，刮胡子，洗澡，还换了衣服，然后同副官莫顿上尉共进早餐。我正在喝第二杯咖啡的时候，电话铃突然响起。莫顿抓起话筒，似乎问了些什么，然后转过身对我说:"司令,值班参谋收到一份电报,电报明确指出珍珠港遭到日军空袭。"

这个消息让我惊出一身冷汗,我几乎要跳了起来:"什么?怎么自己打起来了?赶紧报告金梅尔司令!"

当时,我确实非常紧张,以为由于我没有把这天早晨派飞机先行回去一事预先通知基地,所以防空炮台将这些飞机误认为敌机了。正在这个时候,通信参谋进来交给我一份电报,电报上清楚地写着这样一句话:"珍珠港遭遇空袭,这不是演习!"

我立即用扩音器向全舰官兵通知了这一噩耗,所有舰员马上进入战斗状态,此时是8时12分。

当我们在离珍珠港150海里的洋面上晃来晃去等待舰队集合的时候,一艘旧式驱逐舰出现在东方的水平线上。该舰以惊人的速度迎面驶来,不声不响地从我们旁边驶了过去。

"你们驶向什么地方?"

"不知道,命令只是要求我们全速向西行驶。"

"向我们靠过来!"

我所在的旗舰立刻同驱逐舰进行了信号联系。因为如果不理它的话,这艘驱逐舰就会在燃料够用的情况下跑掉。

天黑时,"企业号"才进入珍珠港。展现在我面前的是一幅凄惨的景象。其中,靶舰"犹他号"被炸沉在我舰过去经常停泊的地方,情况很惨。我跳上小汽艇,向金梅尔司令所在的地方驶去。

然而,在这天夜里,我们的士兵但凡看到有东西在港内游动,都会端起机枪扫射，所以子弹不停地落在我乘坐的那艘小汽艇周围。由于天黑，我没有被击中，现在想起来，这似乎是一桩值得庆幸的事。

金梅尔收到了各种各样的情报。有的报告说："巴巴斯海角出现8艘日本运输船！"也有报告说："日本滑翔机空降部队降落在卡内奥赫。"这个情报甚至还绘声绘色地将空降部队队员穿的什么服装也都报了上来。我不禁笑出声来。这时金梅尔突然改变语调大声叫嚷道："出了什么事？你们都在这里笑什么？"

我说："今天，我的确听到了非常多的荒唐言论，但这个情报最为荒唐。滑翔机根本不会从日本基地被拖过来，就算是航空母舰也不可能把这些笨东西运过来。"

金梅尔和他的参谋人员都穿着白色制服，制服上有许多皱褶和污迹，而且他们都没有刮过胡子，显得有些憔悴，看起来有些令人可怜。

二战后，许多人认为日本成功偷袭珍珠港是美国总统罗斯福和他的高级参谋们上演了一场苦肉计，他们这样做是因为当时美国国内孤立主义思想非常严重，使得罗斯福很多援助英国、苏联、中国等国家的计划受到牵制，而罗斯福作为极富远见的杰出政治家，不惜以珍珠港为代价激起美国民众的愤恨，以支持美国加入到这场战争。然而，说是苦肉计，美国方面为了最大程度地减少损失，将3艘航空母舰调出珍珠港，躲过了这场毁灭性的打击。由于当时的情报都已销毁，加之当时参与决策的人大都已经去世，至今没有找到最直接、最有力的证据。因此，"苦肉计"之说至今仍然只是一个猜测。

不管是不是苦肉计，事实却是日本偷袭珍珠港把美国决策层面临的一切困难一下子全解决了。过去,他们一直在犹豫不决,忧虑国内会有许多人反对参战或者保持冷淡态度。如今,全体国民在"不要忘记珍珠港"的共同心声中紧密团结在一起,已经没有孤立主义者和战争介入论者的区别了。通过日本人的手把全国人民统一起来,团结一致,奋勇前进,只有打败日本,再没有任何可犹疑的了。

◎ 希望结束，失望开始

8日7时（夏威夷时间7日11时30分），东京广播电台将陆军省新闻发布会上发布的公告以"临时新闻"的形式向日本人民进行了广播。日本电台在威武雄壮的《军舰进行曲》和《拔刀队》乐曲声中，反复播放着这则振奋人心的消息。这次广播与平常的播音不同，不是按惯常的顺序，不是女播音员的声音，而是一名军官庄严的声音："大日本帝国海军已于今日凌晨在西太平洋与美英军进入战争状态。"电波犹如晴天霹雳，震动着每个日本人的心。这则消息的宣布等于是拿全体国民的命运进行了大赌，这是世界历史上最重要的一天，也是日本历史上最重要的一天。

与此同时，日本首相东条英机在紧张地召开内阁临时会议。海军大臣岛田繁太郎向在座的人员公布了日军与美军交战的战报。接着，与会人员又就采取谨慎态度来处理今后局势的问题进行了商议。然而，在如此重要的内阁会议上，一个非常重要的内阁成员却没有参加，他就是外交大臣东乡茂德。

这个时候，东乡茂德正在官邸接见美国驻日大使格鲁，这也是最后一次接见。东乡茂德首先将与美作战的备忘录抄本递交给格鲁。没等格鲁看完，东乡茂德便开始解释："你手里的这个抄本是今天在华盛顿向贵国政府递交的文件抄本。为表示郑重和对贵国的尊重，这份抄本也送你一份。"

东乡茂德接着说："现在形势很不乐观，贵国态度极其强硬，不愿与我们合作，谈判不得不就此中断。对此，我深表遗憾。"

格鲁快速翻阅完长达13页的备忘录后，以不安的神情说："这份重要的备忘录，我有时间再仔细拜读。至于中断谈判，确实是一件遗憾的事。不过，即使谈判不能进行下去，我也希望尽量避免大规模的战争。"这个时候的格鲁还不知道战争已经开始了。

东乡茂德对格鲁说："大日本天皇对罗斯福总统富有诚意地亲自签发电报表示谢意。作为对这份电报的答复，天皇有意将下列的情况转由您转告给罗斯福总统。"

随后，东乡茂德拿出一份日本天皇裕仁的信件。信件的内容如下：

关于我国政府在法属印度支那增兵的问题，罗斯福总统曾提出过质疑，我军是否从法属印度支那撤兵已经成为我们两国谈判的一个主要问题。我已经指示本国政府就这一问题向贵国政府表明我们的看法。首先，在太平洋地区，为了维护世界和平，我已经做了最大努力。对于我们做得过分的地方，还望罗斯福总统能够海涵。

听到电台的广播后，日本海军沉浸在一片喜悦之中。内务大臣木户幸一在当天的日记中写道:"天气格外晴朗,我登上赤坂城门之坡道向三宅坂方向眺望。一轮火红的太阳从地平线冉冉升起,似乎是一个遥远的希望。我想到我国终于以美英两大国为对手进行大规模战争。我们的海军航空队已于今天拂晓大举空袭檀香山。虽然知道这件事情,但我对他们的成功与否表示担忧。我不由得向太阳朝拜,闭目祈祷。7点半的时候,我与首相和两位总长会晤,听到突然袭击檀香山取得巨大成功的喜讯后,我兴奋异常,深深地感激神赐给我们的力量。"

日本怀有这种心情的人绝不仅仅只有木户幸一,许多国民都抱有这样的想法,而这种心情也是日本一般国民的真实感情。

与所有人不同的是,日本联合舰队司令、偷袭珍珠港行动总指挥山本五十六的心情却别有一番滋味。他的怅惘之情与为攻击珍珠港取得成功欢呼的国民大众的心情完全形成鲜明的对照。中午时分,山本五十六所在的旗舰"长门号"从广岛湾出发,到了夜晚经丰后水道径直南下。山本五十六正坐在他的房间里,提起笔来伏案写下了这样一段话:

此次恭奉大诏,堂堂出击,不难做到置生死于度外。

只是此役乃前所未有之大战,亦当颇费种种周折,充分认识若有惜名保身之私心,无论如何都不能完成此项重任。

若如此,何不吟诗一首:

以身作御盾,

忠心为天皇。

名誉何所惜,

　　　　　　生命亦可抛。

　　山本五十六在反复思考着这样一个问题：战争带给他的并不是喜悦，而是失去许多同甘共苦的将士的痛苦，这场看似胜利的战争难以看到光明的前途。早在他担任海军次官的时候，就极力反对这样的战争。他认为，这样的战争必然失大于得，还会导致美国正面对日宣战。如此一来，日本将陷于被动局面。如今，太平洋战争已经爆发，山本五十六的心情是沉痛的，他深深地知道：希望已经结束，失望正在开始。

　　一位叫高桥爱子的家庭妇女在日记中记述了8日的心情："早晨9点左右，我听到卖号外的铃声。这时，报纸已经送到我家门内，上面印有今晚已经向美英宣战的巨大铅字。我捏了一把冷汗，将它交到丈夫手里。像接到父亲的死亡电报一样，我浑身颤抖，脑袋昏昏沉沉，软绵绵地歪坐在沙发上。我想，这不是小孩在向大人挑战吗？"

　　日本的许多民众感到了深深的恐惧与不安，他们奔走相告，诉说着日本海军的荒唐胜利，诉说着他们的忧虑。一些作家和学者拿起笔，记下了令人深感绝望的一天。女作家藤原彻子曾生动地描绘过那天社会的巨大反响。她在自己的一部纪实小说的开头这样写道：

　　那天，即12月8日早晨，突然从广播中听到和美国进入战争状态的消息，令我大吃一惊。我慌乱地抱着刚满1岁的孩子跑到院子里。惶恐的心情向谁诉说？丈夫正在父岛出差。我全力奔跑，穿过草坪拼命向官厅方向跑去。

"了不得啦！了不得啦！"不知道该跟谁说话，我就这么大喊大叫。

无意间，我看到从各个官厅拥出许多人，他们连跑带颠。有的拉着孩子，有的骑着自行车，有的互相拉扯着奔跑。

"怎么办？怎么办啊？！"

"沉住气！冷静些！"大家互相叫喊着。这些声音像动物呻吟一样在大地上蔓延。远处，军舰上的汽笛声传来。

"我们要相信大日本皇军！"一位年老的妇女絮絮叨叨地，像是在安慰大家。

听到老妇人的话，我像刚从梦中醒来那样环视了一下周围。初冬的天空一片蓝色，没有云朵。我仍然光着脚，抱着孩子站着。我的恐惧很快变成了哆嗦，浑身开始发抖。

东京一位叫冈本太郎的画家听到日军偷袭美军珍珠港基地的消息后，也记下了那一天的心情：

1941年12月8日早晨，我到出版社看我的作品样本，编辑告诉我："终于还是开战了！"

"什么？"我问。

"战争！"

"这是真的吗？"瞬间，我犹如受到剧烈冲击，开始哆嗦，一刻也站不住，赶快往外跑。

"日本完啦！我也快完啦！"我仰天大叫。耀眼的冬季的天空，残酷的蓝色。

他们怎么能做如此荒唐的事情!打起来了,打起来了,战争打起来了!难道真会有这样的傻事?

后来,我见到几位知识分子,他们断言日本必胜。难道在这天早晨像我如此绝望的人只是少数吗?

我在巴黎陷落前亲自接触过盟国方面的情报,不管德国怎么强大,和世界各国为敌没有什么好下场。日本和德国、意大利缔结三国军事同盟,我以为是为了与英美外交谈判时获得讨价还价的条件,万万没有想到发动了战争,难道我真的不了解日本?

日本国民对于军国主义者发动的这场战争表示了极度的不理解和深深的指责。他们知道,这样一来势必会惹恼美国,日本就别想过好日子了。虽然日本海军获得了暂时的胜利,但短暂的胜利不能给黯淡的未来增加一点儿亮色。美国人一旦缓过神来,全力对日开战的时候,将是日本人灾难的开始。

◎ 坐在一条船上

美国国务卿赫尔发表声明，号召全体美国民众联合起来战胜日本，消灭日本法西斯。他在声明中说："日本是一个虚伪的国家，对我们背信弃义，发动了无理的空袭。他们在开战之前，还假装和平，派代表和我们进行谈判。应日本政府要求，我国政府代表和日本政府代表就实现和平的原则和政策问题进行了谈判。日本人表面上给人一种和平使者的印象，背地里却不断集结他们的军队，准备夺取战略要地，以便对包括美国在内的世界各国人民发动一场新的攻击和侵略。在这里，我要将日本大使今天交给我的日本对我国建议的答复公之于众。其实，日本对我们的背信弃义行为，早在日本大使递交此日本政府的答复文件之前就已经开始了。日本最近公开发表希望和平的声明，全是无耻的虚伪和欺骗，这一点已经昭然若揭。"

8日8时（夏威夷时间7日12时30分），在偷袭珍珠港中立下汗马功劳的南云忠一向联合舰队司令山本五十六发去一份快报，他在快报中具体说明了此役的战果："此役，炸沉敌主力舰2艘，重创巡洋舰4艘，炸毁敌机多架，上述结果已经核实。我方飞机损失轻微。"同时，南云忠一致电山本五十六，他的舰队将沿第一航线返航。随后，南云忠一下令部队停止无线电通信。日军舰队一边严加守备，一边快速北上，朝着与补给队会合的地点撤退。

日本第八战队参谋藤田菊一中佐在大战结束后，将当时复杂而迷惑的心情写进了日记："我们终不负所望，出色完成了上级赋予的重任。不知道指挥中心此刻的心情如何，这场战争的主要指挥者们有何感想，也不知道联合舰队司令长官听到这样的情报会有怎样的想法。不久，这个消息也会传到天皇那里，不知道天皇陛下听这个消息时，与1亿同胞的喜悦心情将会怎样表达。我想，他们应该非常高兴吧。"

当日本人扬扬得意于珍珠港偷袭战的胜利时，却没有想到美国因为这次失败而变得团结起来，全体美国人抱定了与日本战斗到底的决心。当美国对日正式宣战的消息传遍世界的时候，在法西斯铁蹄下遭受苦难的人们得到了鼓舞，他们仿佛看到了希望的曙光。当英国首相丘吉尔从广播中得知日本偷袭珍珠港的消息时极度兴奋，急忙打电话给罗斯福："日本要干什么？"罗斯福回答："他们正在夏威夷攻击我们，我们已经坐在一条船上了。"

丘吉尔听到"我们已经坐在一条船上了"这句话后，感到无比轻松，他说："我们用自己的力量单独作战的时间已经过去了。"放下电话后，丘吉尔难掩激动的心情，大声说："看吧！日本人多蠢，想想看，向美国人屁股上捅一刀，会有什么好结果？无论怎样，我们再也不会单独作战了。"同时，他充满自信地写道："希特勒的命运决定了，墨索里尼的命运也决定了。如果问我日本人的命运如何？我可以肯定地告诉你，他们一定会被打得满地找牙。"

不只是丘吉尔激动万分，中国人民不分男女老幼也都怀着同样激动的心情，和全世界被侵略被压迫的国家和人民同坐一条船，迎接光辉灿烂的曙光。在莫斯科，苏联最高统帅斯大林正在掩蔽部地下室昏昏欲睡，苏军总参谋长华西列夫斯基匆忙把日本偷袭珍珠港的消息告诉他。斯大林顿时两眼放光："好极了，真是太好了！这群黄脸猴子干得真是不错！"

法国流亡政府、自由法兰西伦敦总部的戴高乐将军闻讯，也预见到形势将开始好转。他对部下帕西上校说："胜利已成定局，今后应尽早做好收复我们本土的准备。"

就在日本偷袭珍珠港的当天，丘吉尔（因外交大臣艾登此时在莫斯科）致电日本驻美大使重光葵，正式向日本宣战。

先生，联合王国国王陛下政府于12月7日晚获悉日本武装部队没有事先以宣战方式或以宣战为条件的最后通牒方式发出警告，即企图在马来亚海岸登陆，进而轰炸新加坡与中国香港。

这类无端侵略的粗暴行为是在公然违反国际法，特别是违反了日本与联合王国都是订约国的有关开始敌对行动的第三次海牙条约第一款的规定，联合王国国王陛下政府派驻东京大使已经奉到训令，以联合王国国王陛下政府名义通知日本帝国政府，两国之间存在着战争状态。

致崇高的敬意

温斯顿·斯·丘吉尔

与此同时，荷兰、自由法国、比利时、希腊、加拿大、新西兰、澳大利亚等20多个国家相继对日宣战。日本疯狂的好战分子本以为对珍珠港的袭击击垮了美国的海军实力，击溃了他们的锐气，也给世界其他各国一个严重的警告——日本是不可战胜的！然而，让日本人万万没有想到的是这些遭受侵略的国家坚定地联合起来，一致将矛头指向了疯狂的法西斯国家日本、德国和意大利。

◎ 白宫最严肃的会议

8日10时30分（华盛顿时间7日晚8时30分），罗斯福在白宫椭圆形办公室召集内阁成员开会。与会者中只有总统顾问霍普金斯是非内阁成员。

罗斯福脸色凝重地说："这是1861年内阁成立以来最严肃的一次会议。发生的事情，你们已经知道了……但是到目前为止还不十分清楚那里的情况。"

有人问："总统先生，我们几个人刚乘飞机赶到，除了那骇人的大字标题'日本人袭击珍珠港'外，其他一无所知。您能否详细谈一谈？"

罗斯福说："今天上午8点多，一大群日本轰炸机突然对我珍珠港内的军舰及所有机场进行轰炸……我非常难过地得知，我方伤亡惨重，8艘战列舰中有3艘被击沉，或许是4艘，停泊在干船坞内的2艘驱逐舰被炸毁，2艘战列舰严重受损，几艘小型军舰不是被击沉就是被击毁，干船坞也遭破坏。舰队余部尚在海上，它们在足够的海上力量的护航下，正驶向海上的我航空母舰。"

"明天,"罗斯福继续说,"我将在国会演讲,现在请诸位对演讲稿提些意见。"

接下来,罗斯福宣读了由他口述的演讲咨文。听了罗斯福的咨文,有人提出这篇咨文"虽然行文铿锵有力,却只从目前这场袭击实属背信弃义这一基点出发,有些肤浅,没有涉及日本长期以来无视国际法的行径,也未提到日本和德国之间的勾结……"

内阁成员斯廷森和赫尔提出,"希望总统就日美谈判过程问题做一次详细报告"。其他人都倾向于拟出一篇行文简短有力的咨文。经过一番讨论,终于确定了咨文的基本内容,总统将根据讨论的结果对咨文做进一步的修改。

会议刚刚结束,参众两院的首脑人物就走了进来。参议院的首脑人物有:多数派领袖巴克利、他的对手共和党领袖理麦克纳里、对外关系委员会主任康纳利及同事约翰姆、军事委员会的沃斯汀;众议院首脑人物有议长雷伯恩、多数派执行领袖库珀、少数派领袖马丁、外交事务委员会主席布卢姆以及议员伊顿。

罗斯福直截了当地说出了他对珍珠港事件的处置意见。珍珠港遭袭一事对国会议员们震动极大,他们默默无声地坐在那里,甚至在罗斯福发言结束后,也很少有人说话。

有人问到日本人的伤亡情况,罗斯福回答:"这个问题有点儿难以回答,估计击沉他们几艘潜艇,但尚不知……我们知道击落几架日本飞机。"随后又说道:"上次战争就有这样的情况,某人说他打下5架敌机,另一人又说他打下 15 架，实际上打下来的并不多。我应该说，目前为止，尽管我们也给日本人带来一些损失，但损失巨大的是我们。"

有人问："据说，一艘日本航空母舰在巴拿马运河被击沉，消息可靠吗？"罗斯福说这一传闻未加证实，尽管他很希望这个传闻是真的。他补充说："我国整个西海岸和全美洲西海岸的主要防御力量遭到了严重破坏。"他请求明日 12 时 30 分在国会发言，这一请求得到参众两院的批准。

罗斯福简要介绍了日军是如何开始袭击的，他指出："日本人昨天夜里极可能在距夏威夷四五百海里的地方而不在美国飞机的巡逻区域内……"然而，参议员康纳利没有心思听这些抱歉的话。他的发言越说越激动，最后大声喊道："地狱已经着火，我们做了些什么？"

"这正是问题的关键所在！"罗斯福及时答话。

康纳利转向海军部长诺克斯质问："我们做了些什么？"

诺克斯刚要开口，怒气冲冲的康纳利便毫不客气地打断了他："上个月，你不是说我们能在两周内吃掉日本吗？你不是说我们的海军已部署完毕，日本人休想动我们一根毫毛吗？你在向公众做出这一声明时，是不是要告诉全国人民你是一位能干的海军部长？"

诺克斯成了与会者中受指责最多的一个，他力图找到托辞。罗斯福一言不发，面无表情地坐在那里。

康纳利仍然不肯放过诺克斯，尖刻地质问："为什么让这么多的军舰挤在珍珠港里？为什么要在珍珠港入口处安上木头链子，让我们的军舰出不来？"

康纳利知道在珍珠港安装反潜网一事，但他不明白反潜网不会阻挡军舰从珍珠港出来，因此，他的这一指责显然毫无道理。

"为了保护我们免受日本潜艇的袭击。"诺克斯回答。

"如此说来,你从未想过会有空袭?"康纳利问。

"没有。"诺克斯承认道。

"你的意思是我们的港口被认为处于戒备状态?如果他们处于戒备状态……奇怪,怎么会受到日本人的袭击,更令我吃惊的是当时他们还在熟睡,巡逻机到哪里去了?他们知不知道正在进行谈判?这些大家都想知道的。"康纳利一连问了几个问题。

诺克斯没有反驳,因为他无言以对。他解释不清楚为什么会发生这些。然而,事情终究是发生了,所有愤怒、怨恨、悲伤和困惑都不能使时光倒流。

国会议员和内阁成员离开白宫椭圆形办公室时,已经是午夜11时了。当这些职位显赫的人士出现在白宫大门口时,早已等候的一大群记者迅速拥上前去。没有人愿意接受记者的采访,因为他们的心情坏到了极点,不知道怎么回答记者的问题。

珍珠港偷袭战,日军以损失29架飞机、1艘潜艇和5艘微型潜艇的微小代价,击毁击伤美军8艘战列舰和10余艘其他主要舰只,击毁美军战机232架,毙伤美军4500多人。日军袭击珍珠港,给美国太平洋舰队以重创,使日军一举掌握太平洋地区的制海制空权,为其进攻菲律宾、马来亚和荷属东印度创造了十分有利的条件。

珍珠港遭袭后的几个下午,数千名死难者经过简单庄重的仪式陆续入土安葬,每位阵亡者的坟前摆放着一束鲜花。一排神情严肃的美国陆战队士兵对空鸣放三枪,号兵吹响了葬仪号。

◎ 对日宣战，以雪珍珠港之耻

12月9日凌晨2时30分（华盛顿时间8日12时30分），罗斯福怀着沉重的心情前往国会。他没坐轮椅，而是由他的长子詹姆斯搀扶着走进大厅。罗斯福向国会两院发表了6分钟的演讲，他说："昨天，我们遭到了蓄谋已久的偷袭，这个日子是我们的国耻日。"

接着，罗斯福站在众议院讲台上讲述了前一天珍珠港遭到偷袭的经过，他说："如今，我们的国家，我们的领土，我们的人民，我们的利益，面临着前所未有的严峻考验。这个时候，我们应该团结起来，对日本宣战，以雪珍珠港的耻辱。"

罗斯福强烈要求国会批准对日本开战，他向国会全体议员发誓："只要我们团结一致，一定能够将日本法西斯彻底打败。"

罗斯福对日宣战这项提议得到了参议院全体人员的赞同，获得一致通过，众议院除一票反对外也一致通过。下午4时10分，罗斯福佩戴哀悼死难者的黑袖章在对日宣战书上签了字。

同一天，英国首相丘吉尔复电美国总统罗斯福：

12月8日的来电收悉，谢谢你的支持。我们现在既然如你所说"风雨同舟"，那么再举行一次会议是不是明智之举呢？我们可以根据现实和新的事实检查全部战争计划和生产、分配问题。我认为一切事宜在最高级的行政阶层上可以获得最好的解决。同你再次会晤，对我来说非常值得期待，且越早越好。

如果你有意向，我可以在一两天内启程，乘军舰到巴尔的摩或安纳波利斯。航程大概需要8天，我将安排逗留一周时间，以便解决当前所有重要事宜。我将携同庞德、波特尔、迪尔和比弗布鲁克以及一些必要的人员前来。不知你的意见如何，静候答复。

这一天，也就是日本对美英开战的第二天，日本政府决定在学术、文艺、戏剧、电影、音乐等各个领域进行宣传。同时，为了控制日本人民反对战争的情绪，决定对被视为"反国家的""反战的""反时局的""敌性的"思想和言论进行镇压，由警察和宪兵一起将持不同意见之人逮捕。

日本警察局召开了新闻出版界会议，公布了《新闻记事禁载事项》，具体包括以下10项禁载内容：（1）曲解战争，诽谤帝国公正态度的言论；（2）曲解开战目的，诽谤政府及统帅部措施的言论；（3）开战时，期待德意援助的论调；（4）认为政府和军部有对立的论调；（5）国民对政府的指示不服从，与国论不统一的论调；（6）中、"满"及其他外地有不安定动摇的论调；（7）

在国民之间助长反战厌战的论调;(8)助长反军思想倾向的论调;(9)期待和平、使国民士气沮丧的论调;(10)搅乱战时后方安定的论调。

至此,日本政府不但不许民众批判战争甚至连真相的报道和批评言论都一概禁止,不让国民知道国际和国内的真相,只让国民全面信赖政府和军部的指导。日本政府完全剥夺了民众的一切言论,所有的日本人被置于法西斯专政的极权统治下。在警察和宪兵的严密监视下,没有人敢说真心话。大阪一位相声演员笑福亭松鹤在公共浴室里洗澡,以为没有监视,便和同浴的人说:"我们非得战败不可。"没想到隔墙有耳,立即被警察署的人抓去蹲了两个星期牢房,并禁止他说相声。

12月18日15时,日军大本营海军部发布了珍珠港海战公报,全文如下。

一、关于珍珠港战况,每次收到确切报告均随时发表。现依据攻击部队目击情况及攻击后进行的照相侦察判明,敌太平洋舰队及其珍珠港航空兵力已被歼灭。具体战果如下:

1. 击沉战列舰4艘("加利福尼亚"级1艘、"马里兰"级1艘、"亚利桑那"级1艘、"犹他"级1艘)、重巡洋舰2艘、轻巡洋舰2艘、油船1艘。

2. 重创(不能修复或难以修复)战列舰3艘("加利福尼亚"级1艘、"马里兰"级1艘、"内华达"级1艘)、巡洋舰2艘、驱逐舰2艘。

3. 重创(有可能修复)战列舰1艘("内华达"级)和轻巡洋舰4艘。

4. 敌陆海军航空兵力损失:起火飞机450架,击落飞机14架,击毁多架。16座机库起火,2座机库被击毁。

二、此次海战,由袖珍潜艇编成的我特别攻击队突破敌严密警戒,潜入珍珠港。在我航空部队猛烈攻击的同时，特别攻击队对敌舰队主力实施了强攻或单独夜袭。除击沉上述"亚利桑那"级战列舰1艘外，还取得很大战果，震撼了敌舰队。

三、我方损失飞机29架，5艘袖珍潜艇尚未返航。

12月26日，英国首相丘吉尔在美国参众两院领袖们的陪同下前往美国国会发表演说，再次重申了英美两国携手抗击德意日法西斯侵略的决心。他在结束演讲时说：

各位参议院议员，各位众议院议员，请允许我再占用大家片刻时间从目前的纷争和动乱转而谈到未来的更广泛的基础。当前，我们正在共同抵御一群想毁灭我们的凶悍敌人，我们正共同保卫自由人所珍视的一切。仅仅半个世纪，世界大战的灾难就有两次降临到我们头上。我们一生中，命运之神的长臂已经两次伸过大洋把贵国拉入战争的最前沿。我们如果在上次战争后就团结在一起，我们如果为了自身安全而采取了共同措施，这次祸患可能就不会降临到我们头上。

难道我们对我们自己、对我们的子女、遭受苦难的人类不负有确保这些灾难不致第三次吞没我们的义务吗？恶性传染病在旧世界爆发而将破坏性的灾害带到新世界来，一旦蔓延开来，新世界将难以幸免，这已经完全得到证明。为职责和谨慎所驱使，我们必须做到：第一，经常警觉地检查并及时处理憎恨和复仇的病源中心地区；第二，成立一种组织，以确保在该种传染病发生的初期，还没有蔓延和猖獗全球时，就将其扼杀。

五六年前，我们两国可以不流一滴血而要求德国履行世界大战后所签订的条约中关于裁军的条款，也有机会保证德国获得我们在大西洋宪章中所宣布过的不应不让任何国家（无论战败国还是战胜国）享有的那些原料。时机已经过去，一去不复返了。再把我们联合在一起需要大力，或者，如果你们允许我用别的语言，我就说，这人一定是心灵受到蒙蔽，如果他看不出在这个世界上有某种伟大的目标和计划正在完成，而我们荣幸地就是它的忠诚服务者。我们没有可以窥测未来奥秘的禀赋，但是我仍然要声明我的坚定和不可侵犯的希望与信念，即在未来的岁月中，我们两国人民为了自身的安全和大家的利益，庄严、正直、和平地并肩前行。

◎ 空袭东京，巨人小试牛刀

1942年元旦，珍珠港举行了一次追思弥撒，向死难者致哀。数百名参加者佩戴花环，以示对亡灵的敬意。6名夏威夷少女唱起《珍重，再见！》，在沉重肃穆的气氛中太平洋舰队牧师威廉·麦圭尔坚定地说："我们不是以悲哀的心情来埋葬逝者，他们死时是大丈夫，入土时也是大丈夫。我们一定要为他们报仇！"

这是珍珠港遭袭后所有美国人的心声。

与此相反，东京的元旦却是一片欢腾。日本各大报纸扩大版面，刊登奇袭珍珠港的战地巨幅照片，宣布自去年12月8日开战以来，短短二十几天，日军便以惊人的速度取得了辉煌的战果。

1月14日，当日本朝野还沉浸在胜利的自我陶醉之时，太平洋彼岸的华盛顿公布了一个反轴心国的《联合国家宣言》。美国总统罗斯福和英国首相丘吉尔都在上面签了字，中国驻美大使宋子文、苏联驻美大使李维诺夫也在宣言上签了字。次日，澳大利亚、比利时、加拿大、荷兰等国也分别在宣言上签字，参加签字的国家共26个。此时的日本已成为众矢之的。

《联合国家宣言》全文如下。

美利坚合众国、大不列颠及北爱尔兰联合王国、苏维埃社会主义共和国联盟、中国、澳大利亚、比利时、加拿大、哥斯达黎加、古巴、捷克斯洛伐克、多米尼加共和国、萨尔瓦多、希腊、危地马拉、海地、洪都拉斯、印度、卢森堡、荷兰、新西兰、尼加拉瓜、挪威、巴拿马、波兰、南非联邦、南斯拉夫各国的联合宣言。

本宣言签字国政府对于1941年8月14日美利坚合众国总统与大不列颠及北爱尔兰联合王国首相所作联合宣言通称大西洋宪章内所载宗旨与原则的共同方案已表示赞同，深信完全战胜它们的敌国对于保卫生命、自由、独立和宗教自由，对于保全本国和其他各国的人权和正义非常重要。同时，本宣言签字国现在正对妄图征服世界的野蛮和残暴的力量从事共同的斗争，兹宣告如下：

1. 每一政府各自保证对与各该政府作战的三国同盟成员国及其附从者使用其全部资源，不论军事还是经济。

2. 每一政府各自保证与本宣言其他签字国政府合作，不与敌人缔结单独停战协定或和约。

现在或可能将在战胜希特勒主义的斗争中被给予物质上援助和贡献的其他国家得加入上述宣言。

1942年1月1日签字于华盛顿

为了挽回太平洋战争初期的不利局面，牵制日军的进攻，美国决定对日本进行打击报复。美国人决定不惜一切，制订一个与日本偷袭珍珠港一样大胆的作战计划，即奇袭日本本土，并且是日本法西斯的心脏东京。

1月末，美国海军作战部部长金和海军参谋们周密研究了空袭日本本土的方案。该方案决定派出航空母舰秘密前往日本海域，然后由B-25轰炸机从航空母舰上起飞，轰炸东京等日本核心城市，最后返程降落在中国浙江和江西的空军基地，而航空母舰在B-25轰炸机离舰后立刻返航。轰炸机从太平洋上的航空母舰起飞，对相隔1000公里的东京进行轰炸，然后再飞越黄海、东海到达中国境内，中途随时有被日军发现并围攻的危险，这个方案可谓战争史上从未有过的冒险。执行该任务的带队者是航空队一流飞行员、飞行速度世界记录保持者詹姆斯·杜立德中校，他也明白这可能是一场有去无回的赌博。

4月18日清晨，美军第二十机动部队司令官威廉·哈尔西中将率领由"企业号"和"大黄蜂号"航空母舰、4艘巡洋舰、8艘驱逐舰等编成的特混舰队全速扑向日本本土。"大黄蜂号"搭载16架改装过的双引擎陆基B-25重型轰炸机，飞行员共80人，在杜立德的带领下，去执行这项震惊世界的空袭。这是一次绝密军事行动，除少数人外，连舰上的工作人员都不知道详细的任务。

6时30分，日本太平洋沿岸担任警戒任务的渔船在距离东京600公里的犬吠崎发现向西南方向飞去的美国侦察机，渔船随即向国内报告："看见敌人3架飞机向西南飞去。"日本海军军令部和联合舰队司令部接到报告后，又收到其他舰艇发来的电报。日本防卫指挥部判断："肯定是美军的航母编队！"

美国机动部队在得知被日军舰艇发现后，非常紧张。杜立德飞行队原预定在夜间袭击日本，此时不得不改变计划，改在白天空袭日本本土。然而，此时出发，B-25 轰炸机将没有足够的燃油飞到中国，他们很可能会坠毁在中国的黄海。80 名将士中的所有人毅然决定继续参加攻击，他们留下遗书，相互赠别，整齐地排列在甲板上待命起飞。

轰炸机起飞前，哈尔西等数名军官把日本赠送的勋章交给飞行员，说："到东京上空，把这些东西如数还给这帮该死的日本人！" 16 架 B-25 重型轰炸机直扑东京、名古屋、横须贺、神户等日本城市。

7 时 25 分，杜立德驾驶的 1 号飞机首先从距离东京 1000 公里的地方起飞。随后，16 架飞机陆续起飞，超低空飞往日本。其中，12 架飞临东京，1 架飞往横须贺、横滨，2 架飞往名古屋，1 架飞往神户。这些飞机起飞后，特遣舰队立刻调转方向，全速返航。

日本犯了和珍珠港遭袭前美军同样的错误。接到报警电报后，日本海军部反应迟钝，一直没有发出警报，而担任本土防御任务的防卫总司令部和东部军防卫司令部也没有发出警戒警报。日军第十七飞行团曾派出战斗机在 4000 至 5000 米的高空警戒，但由于美军是超低空飞行，所以没有被日机发现。和美军此前的错误一样，日本东部军司令部也收到过防空监视哨所的报告，说发现美军大型飞机，但是他们也一样置之不理。

此时，美军的战机已飞临日本上空。自开战以来，日本国民每天都叫嚷着"胜利了""胜利了"。可是，现在美军却把重磅炸弹投到了他们的头顶上。此时，日本民众才切实感受到了战争的残酷。

12 时 15 分，东京上空突然出现了美国大型轰炸机，第一颗 500 磅重的炸弹投了下来。轰炸是在中午人们下班的时候发生的。500磅重的炸弹一颗接一颗地呼啸而下,按既定计划击中了主要目标。东京的钢铁厂内顿时浓烟滚滚,东京南面的海军造船厂也遭受重创,一艘潜水艇和一艘巡洋舰被炸毁。当美军飞机掠过东京市时,目瞪口呆的日本民众站在那里眺望,都忘了躲闪。

美军的战机已飞临日本上空

美军轰炸机投弹后迅速返航。由于临时改变计划,许多B-25轰炸机携带的燃油不够抵达中国境内,一些飞机坠入大海,还有一些紧急降落在中国的日本占领区内,被日军俘获。然而,还是有不少美军飞机在15时左右平安地回到中国空军基地。

美军在发动这次空袭前,有意将日本皇宫划入轰炸目标之外,在飞行队出发之前,总统罗斯福再三叮嘱不能轰炸天皇的宫殿。因此,美机虽然飞临日本皇宫上空,却没有投弹。不过,裕仁天皇夫妇及其子女依然仓皇逃入防空洞,亲身体验到了战争的恐怖。

美军轰炸战果甚微，据统计，东京共死亡39人，伤307人，其他城市也略有损伤。不过，轰炸给日本人的心理打击却是巨大的。美军以牙还牙，用几乎一模一样的方式回敬了日本。

美军袭击日本本土这一爆炸性新闻立刻传遍了全世界，全世界爱好和平反对侵略的人们无不欢欣鼓舞，并增强了反攻必胜的信心。对于日本，这次轰炸在政治影响、心理影响和战略方面所产生的影响是巨大的。日本法西斯受到了当头棒喝，开始恐慌和担忧起来。日本国民的反战情绪也越来越高。然而，这仅仅是美国和世界人民反击的开始，更加猛烈的反击还在后头。